T&P BOOKS

ARMÊNIO
VOCABULÁRIO

PORTUGUÊS BRASILEIRO

PORTUGUÊS
ARMÊNIO

Para alargar o seu léxico e apurar
as suas competências linguísticas

3000 palavras

Vocabulário Português Brasileiro-Armênio - 3000 palavras
Por Andrey Taranov

Os vocabulários da T&P Books destinam-se a ajudar a aprender, a memorizar, e a rever palavras estrangeiras. O dicionário é dividido em temas, cobrindo todas as principais esferas de atividades quotidianas, negócios, ciência, cultura, etc.

O processo de aprendizagem, utilizando os dicionários baseados em temáticas da T&P Books dá-lhe as seguintes vantagens:

- Informação de origem corretamente agrupada predetermina o sucesso em fases subsequentes da memorização de palavras
- Disponibilização de palavras derivadas da mesma raiz, o que permite a memorização de unidades de texto (em vez de palavras separadas)
- Pequenas unidades de palavras facilitam o processo de estabelecimento de vínculos associativos necessários para a consolidação do vocabulário
- O nível de conhecimento da língua pode ser estimado pelo número de palavras aprendidas

T&P Books Publishing
www.tpbooks.com

ISBN: 978-1-78767-408-0

Este livro também está disponível em formato E-book.
Por favor visite www.tpbooks.com ou as principais livrarias on-line.

VOCABULÁRIO ARMÊNIO
palavras mais úteis

Os vocabulários da T&P Books destinam-se a ajudar a aprender, a memorizar, e a rever palavras estrangeiras. O vocabulário contém mais de 3000 palavras de uso comum organizadas tematicamente.

O vocabulário contém as palavras mais comummente usadas

Recomendado como adicional para qualquer curso de línguas

Satisfaz as necessidades dos iniciados e dos alunos avançados de línguas estrangeiras

Conveniente para o uso diário, sessões de revisão e atividades de auto-teste

Permite avaliar o seu vocabulário

Características especias do vocabulário

*   As palavras estão organizadas de acordo com o seu significado, e não por ordem alfabética
*   As palavras são apresentadas em três colunas para facilitar os processos de revisão e auto-teste
*   As palavras compostas são divididas em pequenos blocos para facilitar o processo de aprendizagem
*   O vocabulário oferece uma transcrição simples e adequada de cada palavra estrangeira

O vocabulário contém 101 tópicos incluindo:

Conceitos básicos, Números, Cores, Meses, Estações do ano, Unidades de medida, Roupas & Acessórios, Alimentos & Nutrição, Restaurante, Membros da Família, Parentes, Caráter, Sentimentos, Emoções, Doenças, Cidade, Passeios, Compras, Dinheiro, Casa, Lar, Escritório, Trabalho no Escritório, Importação & Exportação, Marketing, Pesquisa de Emprego, Esportes, Educação, Computador, Internet, Ferramentas, Natureza, Países, Nacionalidades e muito mais ...

TABELA DE CONTEÚDOS

GUIA DE PRONUNCIAÇÃO

Alfabeto fonético T&P	Exemplo Armênio	Exemplo Português
[a]	ձախակել [čanačél]	chamar
[ə]	փափւում [pʰəspʰəsál]	milagre
[e]	հեկտար [hektár]	metal
[ē]	էկրան [ēkrán]	mesquita
[i]	ֆիզիքոս [fizikós]	sinônimo
[o]	շոկոլադ [šokolád]	lobo
[u]	հույնուհի [hujnuhí]	bonita
[b]	բամբակ [bambák]	barril
[d]	դադար [dadár]	dentista
[f]	ֆաբրիկա [fábrika]	safári
[g]	գանգ [gang]	gosto
[j]	ջջույմ [djujm]	Vietnã
[h]	հայունհի [hajuhí]	[h] aspirada
[x]	խախտել [xaxtél]	fricativa uvular surda
[k]	կոճակ [kočák]	aquilo
[l]	փլվել [pʰlvel]	libra
[m]	մտածել [mtatsél]	magnólia
[t]	տաքսի [taksí]	tulipa
[n]	նրանք [nrankʰ]	natureza
[r]	լար [lar]	riscar
[p]	պոմպ [pomp]	presente
[ģ]	տղամարդ [tģamárd]	[r] vibrante
[s]	սուս [soús]	sanita
[ts]	ծանոթ [tsanótʰ]	tsé-tsé
[v]	ոստիկան [vostikán]	fava
[z]	զանգ [zang]	sésamo
[kʰ]	էրեք [erékʰ]	[k] aspirada
[pʰ]	փրկել [pʰrkel]	[p] aspirada
[tʰ]	բատրոն [tʰatrón]	[t] aspirada
[tsʰ]	ակնոց [aknótsʰ]	[ts] aspirado
[ʒ]	ժամանակ [ʒamanák]	talvez
[dz]	ոձիք [odzíkʰ]	pizza
[dʒ]	հաջող [hadʒóģ]	adjetivo
[č]	վիճել [vičél]	Tchau!
[š]	շահույթ [šahújtʰ]	mês
[']	բաժակ [baʒák]	acento principal

ABREVIATURAS
usadas no vocabulário

Abreviaturas do Português

adj	-	adjetivo
adv	-	advérbio
anim.	-	animado
conj.	-	conjunção
desp.	-	esporte
etc.	-	Etcetera
ex.	-	por exemplo
f	-	nome feminino
f pl	-	feminino plural
fem.	-	feminino
inanim.	-	inanimado
m	-	nome masculino
m pl	-	masculino plural
m, f	-	masculino, feminino
masc.	-	masculino
mat.	-	matemática
mil.	-	militar
pl	-	plural
prep.	-	preposição
pron.	-	pronome
sb.	-	sobre
sing.	-	singular
v aux	-	verbo auxiliar
vi	-	verbo intransitivo
vi, vt	-	verbo intransitivo, transitivo
vr	-	verbo reflexivo
vt	-	verbo transitivo

Pontuação do Armênio

´	-	Ponto de exclamação
՞	-	Ponto de interrogação
,	-	Vírgula

CONCEITOS BÁSICOS

1. Pronomes

eu	tu	[es]
você	դու	[du]
ele, ela	նա	[na]

nós	մենք	[menkʰ]
vocês	դուք	[dukʰ]
eles, elas	նրանք	[nrankʰ]

2. Cumprimentos. Saudações

Oi!	Բարև́	[barév]
Olá!	Բարև́ ձեզ	[barév dzéz!]
Bom dia!	Բարի լո́ւյս	[barí lújs!]
Boa tarde!	Բարի օ́ր	[barí ór!]
Boa noite!	Բարի երեկո́	[barí jerekó!]

cumprimentar (vt)	բարևել	[barevél]
Oi!	Ողջո́ւյն	[voġdʒújn!]
saudação (f)	ողջույն	[voġdʒújn]
saudar (vt)	ողջունել	[voġdʒunél]
Tudo bem?	Ո՞նց են գործերդ	[vontsʰ en gortsérd?]
E aí, novidades?	Ի՞նչ նորություն	[inč norutʰjún?]

Tchau! Até logo!	Ցտեսություն	[tsʰtesutʰjún!]
Até breve!	Միչև նոր հանդիպում	[mínč nór handipúm!]
Adeus! (sing.)	Մնաս բարով	[mnas baróv!]
Adeus! (pl)	Մնաք բարով	[mnakʰ baróv!]
despedir-se (dizer adeus)	հրաժեշտ տալ	[hraʒéšt tál]
Até mais!	Առայժմ	[arájʒm!]

Obrigado! -a!	Շնորհակալություն	[šnorhakalutʰjún!]
Muito obrigado! -a!	Շատ շնորհակալ եմ	[šat šnorhakál em!]
De nada	Խնդրեմ	[xndrem]
Não tem de quê	Հոգ չէ	[hog čē]
Não foi nada!	չարժե	[čarʒé]

Desculpa!	Ներողություն	[neroġutʰjún!]
Desculpe!	Ներեցե́ք	[neretsʰékʰ!]
desculpar (vt)	ներել	[nerél]

desculpar-se (vr)	ներողություն խնդրել	[neroġutʰjún xndrél]
Me desculpe	Ներեցեք	[neretsʰékʰ]
Desculpe!	Ներեցե́ք	[neretsʰékʰ!]
perdoar (vt)	ներել	[nerél]

por favor	խնդրում եմ	[χndrúm em]
Não se esqueça!	Չմոռանա՛ք	[čmoranákʰ!]
Com certeza!	Իհա՛րկե	[ihárke!]
Claro que não!	Իհարկե ո՛չ	[ihárke voč!]

| Está bem! De acordo! | Համաձայն եմ | [hamadzájn em!] |
| Chega! | Բավական է | [bavakán ē!] |

3. Questões

Quem?	Ո՞վ	[ov?]
O que?	Ի՞նչ	[inč?]
Onde?	Որտե՞ղ	[vortéġ?]
Para onde?	Ո՞ւր	[ur?]
De onde?	Որտեղի՞ց	[vorteġítsʰ?]

Quando?	Ե՞րբ	[erb?]
Para quê?	Ինչու՞	[inčú?]
Por quê?	Ինչու՞	[inčú?]

Para quê?	Ինչի՞ համար	[inčí hamár?]
Como?	Ինչպե՞ս	[inčpés?]
Qual (~ é o problema?)	Ինչպիսի՞	[inčpisí?]
Qual (~ deles?)	Ո՞րը	[voré?]

A quem?	Ո՞ւմ	[um?]
De quem?	Ո՞ւմ մասին	[úm masín?]
Do quê?	Ինչի՞ մասին	[inčí masín?]
Com quem?	Ո՞ւմ հետ	[úm het?]

| Quanto, -os, -as? | քանի՞ | [kʰaní?] |
| De quem? (masc.) | Ո՞ւմ | [um?] |

4. Preposições

com (prep.)	... հետ	[... het]
sem (prep.)	առանց	[arántsʰ]
a, para (exprime lugar)	մեջ	[medʒ]
sobre (ex. falar ~)	մասին	[masín]

| antes de ... | առաջ | [arádʒ] |
| em frente de ... | առաջ | [arádʒ] |

debaixo de ...	տակ	[tak]
sobre (em cima de)	վերևում	[verevúm]
em ..., sobre ...	վրա	[vra]

| de, do (sou ~ Rio de Janeiro) | ... ից | [... itsʰ] |
| de (feito ~ pedra) | ... ից | [... itsʰ] |

| em (~ 3 dias) | ... անց | [... antsʰ] |
| por cima de ... | միջով | [midʒóv] |

11

5. Palavras funcionais. Advérbios. Parte 1

Onde?	Որտե՞ղ	[vortéǵ?]
aqui	այստեղ	[ajstéǵ]
lá, ali	այնտեղ	[ajntéǵ]

| em algum lugar | որևէ տեղ | [vorevē teǵ] |
| em lugar nenhum | ոչ մի տեղ | [voč mi teǵ] |

| perto de ... | ... մոտ | [... mot] |
| perto da janela | պատուհանի մոտ | [patuhaní mót] |

Para onde?	Ո՞ւր	[ur?]
aqui	այստեղ	[ajstéǵ]
para lá	այնտեղ	[ajntéǵ]
daqui	այստեղից	[ajsteǵítsʰ]
de lá, dali	այնտեղից	[ajnteǵítsʰ]

| perto | մոտ | [mot] |
| longe | հեռու | [herú] |

perto de ...	մոտ	[mot]
à mão, perto	մոտակայքում	[motakajkʰúm]
não fica longe	մոտիկ	[motík]

esquerdo (adj)	ձախ	[dzaχ]
à esquerda	ձախ կողմից	[dzaχ koǵmítsʰ]
para a esquerda	դեպի ձախ	[depí dzaχ]

direito (adj)	աջ	[adʒ]
à direita	աջ կողմից	[adʒ koǵmítsʰ]
para a direita	դեպի աջ	[depí adʒ]

em frente	առջևից	[ardʒevítsʰ]
da frente	առջևի	[ardʒeví]
adiante (para a frente)	առաջ	[arádʒ]

atrás de ...	հետևում	[hetevúm]
de trás	հետևից	[hetevítsʰ]
para trás	հետ	[het]

| meio (m), metade (f) | մեջտեղ | [medʒtéǵ] |
| no meio | մեջտեղում | [medʒteǵúm] |

do lado	կողքից	[koǵkʰítsʰ]
em todo lugar	ամենուր	[amenúr]
por todos os lados	շուրջը	[šúrdʒe]

de dentro	միջից	[midʒítsʰ]
para algum lugar	որևէ տեղ	[vorevē teǵ]
diretamente	ուղիղ	[uǵíǵ]
de volta	ետ	[et]

| de algum lugar | որևէ տեղից | [vorevē teǵítsʰ] |
| de algum lugar | ինչ-որ տեղից | [inč vor teǵítsʰ] |

em primeiro lugar	առաջին	[aradʒínə]
em segundo lugar	երկրորդը	[erkrórdə]
em terceiro lugar	երրորդը	[errórdə]

de repente	հանկարծակի	[hankartsáki]
no início	սկզբում	[skzbum]
pela primeira vez	առաջին անգամ	[aradʒín angám]
muito antes de ...	... շատ առաջ	[... šat arádʒ]
de novo	կրկին	[krkin]
para sempre	ընդմիշտ	[əndmíšt]

nunca	երբեք	[erbékʰ]
de novo	նորից	[norítsʰ]
agora	այժմ	[ajʒm]
frequentemente	հաճախ	[hačáχ]
então	այն ժամանակ	[ajn ʒamanák]
urgentemente	շտապ	[štap]
normalmente	սովորաբար	[sovorabár]

a propósito, ...	ի դեպ, ...	[i dep ...]
é possível	հնարավոր է	[hnaravór ē]
provavelmente	հավանաբար	[havanabár]
talvez	միգուցե	[migutsʰé]
além disso, ...	բացի այդ, ...	[batsʰí ájd ...]
por isso ...	այդ պատճառով	[ajd patčaróv]
apesar de ...	չնայած ...	[čnajáts ...]
graças a ...	շնորհիվ ...	[šnorhív ...]

que (pron.)	ինչ	[inč]
que (conj.)	որ	[vor]
algo	ինչ-որ բան	[inč vor bán]
alguma coisa	որևէ բան	[vórevē ban]
nada	ոչ մի բան	[voč mi ban]

quem	ով	[ov]
alguém (~ que ...)	ինչ-որ մեկը	[inč vor mékə]
alguém (com ~)	որևէ մեկը	[vórevē mékə]

ninguém	ոչ մեկ	[voč mek]
para lugar nenhum	ոչ մի տեղ	[voč mi teǵ]
de ninguém	ոչ մեկինը	[voč mekínə]
de alguém	որևէ մեկինը	[vórevē mekínə]

tão	այնպես	[ajnpés]
também (gostaria ~ de ...)	նմանապես	[nmanapés]
também (~ eu)	նույնպես	[nújnpes]

6. Palavras funcionais. Advérbios. Parte 2

Por quê?	Ինչու՞	[inčú?]
por alguma razão	չգիտես ինչու	[čgités inčú]
porque ...	որովհետև, ...	[vorovhetév ...]
por qualquer razão	ինչ-որ նպատակով	[inč vor npatakóv]
e (tu ~ eu)	և	[ev]

13

ou (ser ~ não ser)	կամ	[kam]
mas (porém)	բայց	[bajtsʰ]
para (~ a minha mãe)	համար	[hamár]

muito, demais	չափազանց	[čapʰazántsʰ]
só, somente	միայն	[miájn]
exatamente	ճիշտ	[čišt]
cerca de (~ 10 kg)	մոտ	[mot]

aproximadamente	մոտավորապես	[motavorapés]
aproximado (adj)	մոտավոր	[motavór]
quase	գրեթե	[grétʰe]
resto (m)	մնացածը	[mnatsʰátsə]

cada (adj)	յուրաքանչյուր	[jurakʰančjúr]
qualquer (adj)	ցանկացած	[tsankatsʰáts]
muito, muitos, muitas	շատ	[šat]
muitas pessoas	շատերը	[šatérə]
todos	բոլորը	[bolórə]

em troca de ...	ի փոխարեն ...	[i pʰoxarén ...]
em troca	փոխարեն	[pʰoxarén]
à mão	ձեռքով	[dzerkʰóv]
pouco provável	հազիվ թե	[hazív tʰe]

provavelmente	երևի	[ereví]
de propósito	դիտմամբ	[ditmámb]
por acidente	պատահաբար	[patahabár]

muito	շատ	[šat]
por exemplo	օրինակ	[orinák]
entre	միջև	[midʒév]
entre (no meio de)	միջավայրում	[midʒavajrúm]
tanto	այնքան	[ajnkʰán]
especialmente	հատկապես	[hatkapés]

NÚMEROS. DIVERSOS

7. Números cardinais. Parte 1

zero	զրո	[zro]
um	մեկ	[mek]
dois	երկու	[erkú]
três	երեք	[erékʰ]
quatro	չորս	[čors]
cinco	հինգ	[hing]
seis	վեց	[vetsʰ]
sete	յոթ	[jotʰ]
oito	ութ	[utʰ]
nove	ինը	[ínə]
dez	տաս	[tas]
onze	տասնմեկ	[tasnmék]
doze	տասներկու	[tasnerkú]
treze	տասներեք	[tasnerékʰ]
catorze	տասնչորս	[tasnčórs]
quinze	տասնհինգ	[tasnhíng]
dezesseis	տասնվեց	[tasnvétsʰ]
dezessete	տասնյոթ	[tasnjótʰ]
dezoito	տասնութ	[tasnútʰ]
dezenove	տասնինը	[tasnínə]
vinte	քսան	[kʰsan]
vinte e um	քսանմեկ	[kʰsanmék]
vinte e dois	քսաներկու	[kʰsanerkú]
vinte e três	քսաներեք	[ksanerékʰ]
trinta	երեսուն	[eresún]
trinta e um	երեսունմեկ	[eresunmék]
trinta e dois	երեսուներկու	[eresunerkú]
trinta e três	երեսուներեք	[eresunerékʰ]
quarenta	քառասուն	[kʰarasún]
quarenta e um	քառասունմեկ	[kʰarasunmék]
quarenta e dois	քառասուներկու	[kʰarasunerkú]
quarenta e três	քառասուներեք	[karasunerékʰ]
cinquenta	հիսուն	[hisún]
cinquenta e um	հիսունմեկ	[hisunmék]
cinquenta e dois	հիսուներկու	[hisunerkú]
cinquenta e três	հիսուներեք	[hisunerékʰ]
sessenta	վաթսուն	[vatʰsún]
sessenta e um	վաթսունմեկ	[vatʰsunmék]

| sessenta e dois | վաթսուներկու | [vatʰsunerkú] |
| sessenta e três | վաթսուներեք | [vatʰsunerékʰ] |

setenta	յոթանասուն	[jotʰanasún]
setenta e um	յոթանասունմեկ	[jotʰanasunmék]
setenta e dois	յոթանասուներկու	[jotʰanasunerkú]
setenta e três	յոթանասուներեք	[jotʰanasunerékʰ]

oitenta	ութսուն	[utʰsún]
oitenta e um	ութսունմեկ	[utʰsunmék]
oitenta e dois	ութսուներկու	[utʰsunerkú]
oitenta e três	ութսուներեք	[utʰsunerékʰ]

noventa	իննսուն	[innsún]
noventa e um	իննսունմեկ	[innsunmék]
noventa e dois	իննսուներկու	[innsunerkú]
noventa e três	իննսուներեք	[innsunerékʰ]

8. Números cardinais. Parte 2

cem	հարյուր	[harjúr]
duzentos	երկու հարյուր	[erkú harjúr]
trezentos	երեք հարյուր	[erékʰ harjúr]
quatrocentos	չորս հարյուր	[čórs harjúr]
quinhentos	հինգ հարյուր	[hing harjúr]

seiscentos	վեց հարյուր	[vetsʰ harjúr]
setecentos	յոթ հարյուր	[jotʰ harjúr]
oitocentos	ութ հարյուր	[utʰ harjúr]
novecentos	իննը հարյուր	[ínə harjúr]

mil	հազար	[hazár]
dois mil	երկու հազար	[erkú hazár]
três mil	երեք հազար	[erékʰ hazár]
dez mil	տաս հազար	[tas hazár]
cem mil	հարյուր հազար	[harjúr hazár]
um milhão	միլիոն	[milión]
um bilhão	միլիարդ	[miliárd]

9. Números ordinais

primeiro (adj)	առաջին	[aradʒín]
segundo (adj)	երկրորդ	[erkrórd]
terceiro (adj)	երրորդ	[errórd]
quarto (adj)	չորրորդ	[čorrórd]
quinto (adj)	հինգերորդ	[híngerord]

sexto (adj)	վեցերորդ	[vétsʰerord]
sétimo (adj)	յոթերորդ	[jótʰerord]
oitavo (adj)	ութերորդ	[útʰerord]
nono (adj)	իններորդ	[ínnerord]
décimo (adj)	տասներորդ	[tásnerord]

CORES. UNIDADES DE MEDIDA

10. Cores

cor (f)	qniju	[gujn]
tom (m)	երանգ	[eráng]
tonalidade (m)	գունևրանգ	[guneráng]
arco-íris (m)	ծիածան	[tsiatsán]

branco (adj)	սպիտակ	[spiták]
preto (adj)	սև	[sev]
cinza (adj)	մոխրագույն	[moxragújn]

verde (adj)	կանաչ	[kanáč]
amarelo (adj)	դեղին	[deǵín]
vermelho (adj)	կարմիր	[karmír]

azul (adj)	կապույտ	[kapújt]
azul claro (adj)	երկնագույն	[erknagújn]
rosa (adj)	վարդագույն	[vardagújn]
laranja (adj)	նարնջագույն	[narndʒagújn]
violeta (adj)	մանուշակագույն	[manušakagújn]
marrom (adj)	շագանակագույն	[šaganakagújn]

dourado (adj)	ոսկե	[voské]
prateado (adj)	արծաթագույն	[artsatʰagújn]

bege (adj)	բեժ	[beʒ]
creme (adj)	կրեմագույն	[kremagújn]
turquesa (adj)	փիրուզագույն	[pʰiruzagújn]
vermelho cereja (adj)	բալագույն	[balagújn]
lilás (adj)	բաց մանուշակագույն	[batsʰ manušakagújn]
carmim (adj)	մորեգույն	[moregújn]

claro (adj)	բաց	[batsʰ]
escuro (adj)	մուգ	[mug]
vivo (adj)	վառ	[var]

de cor	գունավոր	[gunavór]
a cores	գունավոր	[gunavór]
preto e branco (adj)	սև ու սպիտակ	[sev u spiták]
unicolor (de uma só cor)	միագույն	[miagújn]
multicolor (adj)	գույնզգույն	[gujnzgújn]

11. Unidades de medida

peso (m)	քաշ	[kʰaš]
comprimento (m)	երկարություն	[erkarutʰjún]

largura (f)	լայնություն	[lajnutʰjún]
altura (f)	բարձրություն	[bardzrutʰjún]
profundidade (f)	խորություն	[ҳorutʰjún]
volume (m)	ծավալ	[tsavál]
área (f)	մակերես	[makerés]

grama (m)	գրամ	[gram]
miligrama (m)	միլիգրամ	[miligrám]
quilograma (m)	կիլոգրամ	[kilográm]
tonelada (f)	տոննա	[tónna]
libra (453,6 gramas)	ֆունտ	[funt]
onça (f)	ունցիա	[úntsʰia]

metro (m)	մետր	[metr]
milímetro (m)	միլիմետր	[milimétr]
centímetro (m)	սանտիմետր	[santimétr]
quilômetro (m)	կիլոմետր	[kilométr]
milha (f)	մղոն	[mǵon]

polegada (f)	դյույմ	[djujm]
pé (304,74 mm)	ֆուտ	[futʰ]
jarda (914,383 mm)	յարդ	[jard]

metro (m) quadrado	քառակուսի մետր	[kʰarakusí métr]
hectare (m)	հեկտար	[hektár]

litro (m)	լիտր	[litr]
grau (m)	աստիճան	[astičán]
volt (m)	վոլտ	[volt]
ampère (m)	ամպեր	[ampér]
cavalo (m) de potência	ձիաուժ	[dziaúʒ]

quantidade (f)	քանակ	[kʰanák]
um pouco de ...	մի փոքր ...	[mi pʰokʰr ...]
metade (f)	կես	[kes]
dúzia (f)	դյուժին	[djuʒín]
peça (f)	հատ	[hat]

tamanho (m), dimensão (f)	չափս	[čapʰs]
escala (f)	մասշտաբ	[masštáb]

mínimo (adj)	նվազագույն	[nvazagújn]
menor, mais pequeno	փոքրագույն	[pʰokʰragújn]
médio (adj)	միջին	[midʒín]
máximo (adj)	առավելագույն	[aravelagújn]
maior, mais grande	մեծագույն	[metsagújn]

12. Recipientes

pote (m) de vidro	բանկա	[banká]
lata (~ de cerveja)	տարա	[tará]
balde (m)	դույլ	[dujl]
barril (m)	տակառ	[takár]
bacia (~ de plástico)	թաս	[tʰas]

tanque (m)	բակ	[bakʰ]
cantil (m) de bolso	տափակաշիշ	[tapʰakašíš]
galão (m) de gasolina	թիթեղ	[tʰitʰéǵ]
cisterna (f)	ցիստեռն	[tsʰistérn]

caneca (f)	գավաթ	[gavátʰ]
xícara (f)	բաժակ	[baӡák]
pires (m)	պնակ	[pnak]
copo (m)	բաժակ	[baӡák]
taça (f) de vinho	գավաթ	[gavátʰ]
panela (f)	կաթսա	[katʰsá]

garrafa (f)	շիշ	[šiš]
gargalo (m)	բեռան	[berán]

jarra (f)	գրաֆին	[grafín]
jarro (m)	սափոր	[sapʰór]
recipiente (m)	անոթ	[anótʰ]
pote (m)	կճուճ	[kčuč]
vaso (m)	վազա	[váza]

frasco (~ de perfume)	սրվակ	[srvak]
frasquinho (m)	սրվակիկ	[srvakík]
tubo (m)	պարկուճ	[parkúč]

saco (ex. ~ de açúcar)	պարկ	[park]
sacola (~ plastica)	տոպրակ	[toprák]
maço (de cigarros, etc.)	տուփ	[tupʰ]

caixa (~ de sapatos, etc.)	տուփ	[tupʰ]
caixote (~ de madeira)	դարակ	[darák]
cesto (m)	զամբյուղ	[zambjúǵ]

VERBOS PRINCIPAIS

13. Os verbos mais importantes. Parte 1

abrir (vt)	բացել	[batsʰél]
acabar, terminar (vt)	ավարտել	[avartél]
aconselhar (vt)	խորհուրդ տալ	[χorhúrd tal]
adivinhar (vt)	գուշակել	[gušakél]
advertir (vt)	զգուշացնել	[zgušatsʰnél]

ajudar (vt)	օգնել	[ognél]
almoçar (vi)	ճաշել	[čašél]
alugar (~ um apartamento)	վարձել	[vardzél]
amar (pessoa)	սիրել	[sirél]
ameaçar (vt)	սպառնալ	[sparnál]

anotar (escrever)	գրառել	[grarél]
apressar-se (vr)	շտապել	[štapél]
arrepender-se (vr)	ափսոսալ	[apʰsosál]
assinar (vt)	ստորագրել	[storagrél]
brincar (vi)	կատակել	[katakél]

brincar, jogar (vi, vt)	խաղալ	[χaġál]
buscar (vt)	փնտրել	[pʰntrel]
caçar (vi)	որս անել	[vors anél]
cair (vi)	ընկնել	[ənknél]

cavar (vt)	փորել	[pʰorél]
chamar (~ por socorro)	կանչել	[kančél]

chegar (vi)	ժամանել	[ʒamanél]
chorar (vi)	լացել	[latsʰél]
começar (vt)	սկսել	[sksel]

comparar (vt)	համեմատել	[hamematél]
concordar (dizer "sim")	համաձայնվել	[hamadzajnvél]

confiar (vt)	վստահել	[vstahél]
confundir (equivocar-se)	շփոթել	[špʰotʰél]
conhecer (vt)	ճանաչել	[čanačél]
contar (fazer contas)	հաշվել	[hašvél]

contar com ...	հույս դնել ... վրա	[hujs dnel ... vra]
continuar (vt)	շարունակել	[šarunakél]

controlar (vt)	վերահսկել	[verahskél]
convidar (vt)	հրավիրել	[hravirél]
correr (vi)	վազել	[vazél]
criar (vt)	ստեղծել	[steġtsél]
custar (vt)	արժենալ	[arʒenál]

14. Os verbos mais importantes. Parte 2

dar (vt)	տալ	[tal]
dar uma dica	ակնարկել	[aknarkél]
decorar (enfeitar)	զարդարել	[zardarél]
defender (vt)	պաշտպանել	[paštpanél]
deixar cair (vt)	վայր գցել	[vájr gts‿el]

descer (para baixo)	իջնել	[idʒnél]
desculpar-se (vr)	ներողություն խնդրել	[neroġut‿jún χndrél]
dirigir (~ uma empresa)	ղեկավարել	[ġekavarél]
discutir (notícias, etc.)	քննարկել	[k‿nnarkél]

disparar, atirar (vi)	կրակել	[krakél]
dizer (vt)	ասել	[asél]
duvidar (vt)	կասկածել	[kaskatsél]
encontrar (achar)	գտնել	[gtnel]
enganar (vt)	խաբել	[χabél]

entender (vt)	հասկանալ	[haskanál]
entrar (na sala, etc.)	մտնել	[mtnel]
enviar (uma carta)	ուղարկել	[uġarkél]
errar (enganar-se)	սխալվել	[sχalvél]
escolher (vt)	ընտրել	[əntrél]

esconder (vt)	թաքցնել	[t‿ak‿ts‿nél]
escrever (vt)	գրել	[grel]
esperar (aguardar)	սպասել	[spasél]
esperar (ter esperança)	հուսալ	[husál]
esquecer (vt)	մոռանալ	[moranál]

estudar (vt)	ուսումնասիրել	[usumnasirél]
exigir (vt)	պահանջել	[pahandʒél]
existir (vi)	գոյություն ունենալ	[gojut‿jún unenál]
explicar (vt)	բացատրել	[bats‿atrél]

falar (vi)	խոսել	[χosél]
faltar (a la escuela, etc.)	բաց թողնել	[bats‿ t‿oġnél]
fazer (vt)	անել	[anél]

ficar em silêncio	լռել	[lrel]
gabar-se (vr)	պարծենալ	[partsenál]

gostar (apreciar)	դուր գալ	[dur gal]
gritar (vi)	բղավել	[bġavél]
guardar (fotos, etc.)	պահպանել	[pahpanél]

informar (vt)	տեղեկացնել	[teġekats‿nél]
insistir (vi)	պնդել	[pndel]

insultar (vt)	վիրավորել	[viravorél]
interessar-se (vr)	հետաքրքրվել	[hetak‿rk‿rvél]
ir (a pé)	գնալ	[gnal]
ir nadar	լողալ	[loġál]
jantar (vi)	ընթրել	[ənt‿rél]

15. Os verbos mais importantes. Parte 3

ler (vt)	կարդալ	[kardál]
libertar, liberar (vt)	ազատագրել	[azatagrél]
matar (vt)	սպանել	[spanél]
mencionar (vt)	հիշատակել	[hišatakél]
mostrar (vt)	ցույց տալ	[tsʰújtsʰ tal]

mudar (modificar)	փոխել	[pʰoxél]
nadar (vi)	լողալ	[loǵál]
negar-se a ... (vr)	հրաժարվել	[hraʒarvél]
objetar (vt)	հակաճառել	[hakačaгél]

observar (vt)	հետևել	[hetevél]
ordenar (mil.)	հրամայել	[hramajél]
ouvir (vt)	լսել	[lsel]
pagar (vt)	վճարել	[včarél]
parar (vi)	կանգ առնել	[káng arnél]

parar, cessar (vt)	դադարեցնել	[dadaretsʰnél]
participar (vi)	մասնակցել	[masnaktsʰél]
pedir (comida, etc.)	պատվիրել	[patvirél]
pedir (um favor, etc.)	խնդրel	[xndrel]
pegar (tomar)	վերցնել	[vertsʰnél]

pegar (uma bola)	բռնel	[brnel]
pensar (vi, vt)	մտածել	[mtatsél]
perceber (ver)	նկատel	[nkatél]
perdoar (vt)	ներel	[nerél]
perguntar (vt)	հարցնel	[hartsʰnél]

permitir (vt)	թույլատրel	[tʰujlatrél]
pertencer a ... (vi)	պատկանel	[patkanél]
planejar (vt)	պլանավորel	[planavorél]
poder (~ fazer algo)	կարողանալ	[karoǵanál]
possuir (uma casa, etc.)	ունենal	[unenál]

preferir (vt)	նախընտրel	[naxəntrél]
preparar (vt)	պատրաստel	[patrastél]
prever (vt)	կանխատեսel	[kanxatesél]
prometer (vt)	խոստանal	[xostanál]
pronunciar (vt)	արտասանel	[artasanél]

propor (vt)	առաջարկel	[aradʒarkél]
punir (castigar)	պատժel	[patʒél]
quebrar (vt)	կոտրel	[kotrél]
queixar-se de ...	գանգատվel	[gangatvél]
querer (desejar)	ուզենal	[uzenál]

16. Os verbos mais importantes. Parte 4

ralhar, repreender (vt)	կշտամբel	[kštambél]
recomendar (vt)	երաշխավորel	[erašxavorél]

repetir (dizer outra vez)	կրկնել	[krknel]
reservar (~ um quarto)	ամրագրել	[amragrél]
responder (vt)	պատասխանել	[patasχanél]

rezar, orar (vi)	աղոթել	[aġotʰél]
rir (vi)	ծիծաղել	[tsitsaġél]
roubar (vt)	գողանալ	[goġanál]
saber (vt)	իմանալ	[imanál]
sair (~ de casa)	դուրս գալ	[durs gal]

salvar (resgatar)	փրկել	[pʰrkel]
seguir (~ alguém)	գնալ ... հետևից	[gnal ... hetevítsʰ]
sentar-se (vr)	նստել	[nstel]
ser necessário	պետք լինել	[pétkʰ linél]

ser, estar	լինել	[linél]
significar (vt)	նշանակել	[nšanakél]
sorrir (vi)	ժպտալ	[ʒptal]
subestimar (vt)	թերագնահատել	[tʰeragnahatél]
surpreender-se (vr)	զարմանալ	[zarmanál]

tentar (~ fazer)	փորձել	[pʰordzél]
ter (vt)	ունենալ	[unenál]
ter fome	ունենալ սուտ	[uzenál utél]

ter medo	վախենալ	[vaχenál]
ter sede	ունենալ խմել	[uzenál χmel]
tocar (com as mãos)	ձեռք տալ	[dzérkʰ tal]
tomar café da manhã	նախաճաշել	[naχačašél]
trabalhar (vi)	աշխատել	[ašχatél]
traduzir (vt)	թարգմանել	[tʰargmanél]

unir (vt)	միավորել	[miavorél]
vender (vt)	վաճառել	[vačarél]
ver (vt)	տեսնել	[tesnél]
virar (~ para a direita)	թեքվել	[tʰekʰvél]
voar (vi)	թռչել	[tʰrčel]

TEMPO. CALENDÁRIO

17. Dias da semana

segunda-feira (f)	երկուշաբթի	[erkušabtʰí]
terça-feira (f)	երեքշաբթի	[erekʰšabtʰí]
quarta-feira (f)	չորեքշաբթի	[čorekʰšabtʰí]
quinta-feira (f)	հինգշաբթի	[hingšabtʰí]
sexta-feira (f)	ուրբաթ	[urbátʰ]
sábado (m)	շաբաթ	[šabátʰ]
domingo (m)	կիրակի	[kirakí]

hoje	այսոր	[ajsór]
amanhã	վաղը	[váɣə]
depois de amanhã	վաղը չէ մյուս օրը	[váɣə čē mjus órə]
ontem	երեկ	[erék]
anteontem	նախանցյալ օրը	[naχantsʰjál órə]

dia (m)	օր	[or]
dia (m) de trabalho	աշխատանքային օր	[ašχatankʰajín or]
feriado (m)	տոնական օր	[tonakán or]
dia (m) de folga	հանգստյան օր	[hangstján ór]
fim (m) de semana	շաբաթ, կիրակի	[šabátʰ, kirakí]

o dia todo	ամբողջ օր	[ambóɣdʒ ór]
no dia seguinte	մյուս օրը	[mjus órə]
há dois dias	երկու օր առաջ	[erkú or árádʒ]
na véspera	նախորդ օրը	[naχórd órə]
diário (adj)	ամենօրյա	[amenorjá]
todos os dias	ամեն օր	[amén or]

semana (f)	շաբաթ	[šabátʰ]
na semana passada	անցյալ շաբաթ	[antsʰjál šabátʰ]
semana que vem	հաջորդ շաբաթ	[hadʒórt shabát]
semanal (adj)	շաբաթական	[šabatʰakán]
toda semana	շաբաթական	[šabatʰakán]
duas vezes por semana	շաբաթը երկու անգամ	[šabátʰə erkú angám]
toda terça-feira	ամեն երեքշաբթի	[amén erekʰšabtʰí]

18. Horas. Dia e noite

manhã (f)	առավոտ	[aravót]
de manhã	առավոտյան	[aravotján]
meio-dia (m)	կեսօր	[kesór]
à tarde	ճաշից հետո	[čašítsʰ hetó]

tardinha (f)	երեկո	[erekó]
à tardinha	երեկոյան	[erekoján]

noite (f)	գիշեր	[gišér]
à noite	գիշերը	[gišérə]
meia-noite (f)	կեսգիշեր	[kesgišér]

segundo (m)	վայրկյան	[vajrkján]
minuto (m)	րոպե	[ropé]
hora (f)	ժամ	[ʒam]
meia hora (f)	կես ժամ	[kes ʒam]
quarto (m) de hora	քառորդ ժամ	[kʰarórd ʒam]
quinze minutos	տասնհինգ րոպե	[tasnhíng ropé]
vinte e quatro horas	որ	[or]

nascer (m) do sol	արևածագ	[arevatság]
amanhecer (m)	արևածագ	[arevatság]
madrugada (f)	վաղ առավոտ	[vaġ aravót]
pôr-do-sol (m)	մայրամուտ	[majramút]

de madrugada	վաղ առավոտյան	[vág aravotján]
esta manhã	այսօր առավոտյան	[ajsór aravotján]
amanhã de manhã	վաղը առավոտյան	[vágə aravotján]

esta tarde	այսօր ցերեկը	[ajsór tsʰerékə]
à tarde	ճաշից հետո	[čašítsʰ hetó]
amanhã à tarde	վաղը ճաշից հետո	[vágə čašítsʰ hetó]

| esta noite, hoje à noite | այսօր երեկոյան | [ajsór erekoján] |
| amanhã à noite | վաղը երեկոյան | [vágə erekoján] |

às três horas em ponto	ուղիղ ժամը երեքին	[uġíġ ʒámə erekʰín]
por volta das quatro	մոտ ժամը չորսին	[mot ʒámə čorsín]
às doze	մոտ ժամը տասներկուսին	[mot ʒámə tasnerkusín]

em vinte minutos	քսան րոպեից	[kʰsán ropeítsʰ]
em uma hora	մեկ ժամից	[mek ʒamítsʰ]
a tempo	ժամանակին	[ʒamanakín]

… um quarto para	տասնհինգ պակաս	[tasnhíng pakás]
dentro de uma hora	մեկ ժամվա ընթացքում	[mek ʒamvá əntʰatsʰkʰúm]
a cada quinze minutos	տասնհինգ րոպեն մեկ	[tasnhíng ropén mek]
as vinte e quatro horas	ողջ օրը	[voġǯ órə]

19. Meses. Estações

janeiro (m)	հունվար	[hunvár]
fevereiro (m)	փետրվար	[pʰetrvár]
março (m)	մարտ	[mart]
abril (m)	ապրիլ	[apríl]
maio (m)	մայիս	[majís]
junho (m)	հունիս	[hunís]

julho (m)	հուլիս	[hulís]
agosto (m)	օգոստոս	[ogostós]
setembro (m)	սեպտեմբեր	[septembér]
outubro (m)	հոկտեմբեր	[hoktembér]

| novembro (m) | նոյեմբեր | [noembér] |
| dezembro (m) | դեկտեմբեր | [dektembér] |

primavera (f)	գարուն	[garún]
na primavera	գարնանը	[garnáne]
primaveril (adj)	գարնանային	[garnanajín]

verão (m)	ամառ	[amár]
no verão	ամռանը	[amráne]
de verão	ամառային	[amarajín]

outono (m)	աշուն	[ašún]
no outono	աշնանը	[ašnáne]
outonal (adj)	աշնանային	[ašnanajín]

inverno (m)	ձմեռ	[dzmer]
no inverno	ձմռանը	[dzmráne]
de inverno	ձմեռային	[dzmerajín]

mês (m)	ամիս	[amís]
este mês	այս ամիս	[ajs amís]
mês que vem	մյուս ամիս	[mjús amís]
no mês passado	անցյալ ամիս	[antsʰjál amís]

um mês atrás	մեկ ամիս առաջ	[mek amís arádʒ]
em um mês	մեկ ամիս հետո	[mek amís hetó]
em dois meses	երկու ամիս հետո	[erkú amís hetó]
todo o mês	ամբողջ ամիս	[ambógdʒ amís]
um mês inteiro	ողջ ամիս	[voġdʒ amís]

mensal (adj)	ամսական	[amsakán]
mensalmente	ամեն ամիս	[amén amís]
todo mês	ամեն ամիս	[amén amís]
duas vezes por mês	ամսական երկու անգամ	[amsakán erkú angám]

ano (m)	տարի	[tarí]
este ano	այս տարի	[ajs tarí]
ano que vem	մյուս տարի	[mjus tarí]
no ano passado	անցյալ տարի	[antsʰjál tarí]

há um ano	մեկ տարի առաջ	[mek tarí arádʒ]
em um ano	մեկ տարի անց	[mek tarí ántsʰ]
dentro de dois anos	երկու տարի անց	[erkú tarí antsʰ]
todo o ano	ամբողջ տարի	[ambógdʒ tarí]
um ano inteiro	ողջ տարի	[voġdʒ tarí]

cada ano	ամեն տարի	[amén tarí]
anual (adj)	տարեկան	[tarekán]
anualmente	ամեն տարի	[amén tarí]
quatro vezes por ano	տարեկան չորս անգամ	[tarekán čórs angám]

data (~ de hoje)	ամսաթիվ	[amsatʰív]
data (ex. ~ de nascimento)	ամսաթիվ	[amsatʰív]
calendário (m)	օրացույց	[oratsʰújtsʰ]
meio ano	կես տարի	[kes tarí]
seis meses	կիսամյակ	[kisamják]

| estação (f) | սեզոն | [sezón] |
| século (m) | դար | [dar] |

VIAGENS. HOTEL

20. Viagens

turismo (m)	զբոսաշրջություն	[zbosašrdʒutʰjún]
turista (m)	զբոսաշրջիկ	[zbosašrdʒík]
viagem (f)	ճանապարհորդություն	[čanaparhordutʰjún]
aventura (f)	արկած	[arkáts]
percurso (curta viagem)	ուղեորություն	[uġevorutʰjún]
férias (f pl)	արձակուրդ	[ardzakúrd]
estar de férias	արձակուրդի մեջ լինել	[ardzakurdí médʒ linél]
descanso (m)	հանգիստ	[hangíst]
trem (m)	գնացք	[gnatsʰkʰ]
de trem (chegar ~)	գնացքով	[gnatsʰkʰóv]
avião (m)	ինքնաթիռ	[inkʰnatʰír]
de avião	ինքնաթիռով	[inkʰnatʰiróv]
de carro	ավտոմեքենայով	[avtomekʰenajóv]
de navio	նավով	[navóv]
bagagem (f)	ուղեբեռ	[uġebér]
mala (f)	ճամպրուկ	[čamprúk]
carrinho (m)	սայլակ	[sajlák]
passaporte (m)	անձնագիր	[andznagír]
visto (m)	վիզա	[víza]
passagem (f)	տոմս	[toms]
passagem (f) aérea	ավիատոմս	[aviatóms]
guia (m) de viagem	ուղեցույց	[uġetsʰújtsʰ]
mapa (m)	քարտեզ	[kʰartéz]
área (f)	տեղանք	[teġánkʰ]
lugar (m)	տեղ	[teġ]
exotismo (m)	էկզոտիկա	[ēkzótika]
exótico (adj)	էկզոտիկ	[ēkzotík]
surpreendente (adj)	զարմանահրաշ	[zarmanahráš]
grupo (m)	խումբ	[xumb]
excursão (f)	էքսկուրսիա	[ēkʰskúrsia]
guia (m)	էքսկուրսավար	[ēkʰskursavár]

21. Hotel

hotel (m)	հյուրանոց	[hjuranótsʰ]
motel (m)	մոթել	[motʰél]
três estrelas	երեք աստղանի	[erékʰ astġaní]

cinco estrelas	հինգ աստղանի	[hing astġaní]
ficar (vi, vt)	կանգ առնել	[káng arnél]

quarto (m)	համար	[hamár]
quarto (m) individual	մեկտեղանի համար	[mekteġaní hamár]
quarto (m) duplo	երկտեղանի համար	[erkteġaní hamár]
reservar um quarto	համար ամրագրել	[hamár amragrél]

meia pensão (f)	կիսագիշերոթիկ	[kisagišerotʰík]
pensão (f) completa	լրիվ գիշերոթիկ	[lrív gišerotʰík]

com banheira	լոգարանով	[logaranóv]
com chuveiro	դուշով	[dušóv]
televisão (m) por satélite	արբանյակային հեռուստատեսություն	[arbanjakajín herustatesutʰjún]
ar (m) condicionado	օդորակիչ	[odorakíč]
toalha (f)	սրբիչ	[srbič]
chave (f)	բանալի	[banalí]

administrador (m)	ադմինիստրատոր	[administrátor]
camareira (f)	սպասավորուհի	[spasavoruhí]
bagageiro (m)	բեռնակիր	[bernakír]
porteiro (m)	դռնապահ	[drnapáh]

restaurante (m)	ռեստորան	[restorán]
bar (m)	բար	[bar]
café (m) da manhã	նախաճաշ	[naχačáš]
jantar (m)	ընթրիք	[əntʰríkʰ]
bufê (m)	շվեդական սեղան	[švedakán seġán]

elevador (m)	վերելակ	[verelák]
NÃO PERTURBE	ՉԱՆՀԱՆԳՍՏԱՑՆԵԼ	[čanhangstatsʰnél]
PROIBIDO FUMAR!	ՉԾԽԵԼ	[čtsχél!]

22. Turismo

monumento (m)	արձան	[ardzán]
fortaleza (f)	ամրոց	[amrótsʰ]
palácio (m)	պալատ	[palát]
castelo (m)	դղյակ	[dġjak]
torre (f)	աշտարակ	[aštarák]
mausoléu (m)	դամբարան	[dambarán]

arquitetura (f)	ճարտարապետություն	[čartarapetutʰjún]
medieval (adj)	միջնադարյան	[midʒnadarján]
antigo (adj)	հինավուրց	[hinavúrtsʰ]
nacional (adj)	ազգային	[azgajín]
famoso, conhecido (adj)	հայտնի	[hajtní]

turista (m)	զբոսաշրջիկ	[zbosašrdʒík]
guia (pessoa)	գիդ	[gid]
excursão (f)	էքսկուրսիա	[ēkʰskúrsia]
mostrar (vt)	ցույց տալ	[tsʰújtsʰ tal]
contar (vt)	պատմել	[patmél]

encontrar (vt)	գտնել	[gtnel]
perder-se (vr)	կորել	[korél]
mapa (~ do metrô)	սխեմա	[sχéma]
mapa (~ da cidade)	քարտեզ	[kʰartéz]

lembrança (f), presente (m)	հուշանվեր	[hušanvér]
loja (f) de presentes	հուշանվերների խանութ	[hušanvnerí χanútʰ]
tirar fotos, fotografar	լուսանկարել	[lusankarél]
fotografar-se (vr)	լուսանկարվել	[lusankarvél]

TRANSPORTES

23. Aeroporto

aeroporto (m)	օդանավակայան	[odanavakaján]
avião (m)	ինքնաթիռ	[inkʰnatʰír]
companhia (f) aérea	ավիաընկերություն	[aviaənkerutʰjún]
controlador (m) de tráfego aéreo	դիսպետչեր	[dispetčér]
partida (f)	թռիչք	[tʰričkʰ]
chegada (f)	ժամանում	[ʒamanúm]
chegar (vi)	ժամանել	[ʒamanél]
hora (f) de partida	թռիչքի ժամանակը	[tʰričkʰí ʒamanákə]
hora (f) de chegada	ժամանման ժամանակը	[ʒamanmán ʒamanákə]
estar atrasado	ուշանալ	[ušanál]
atraso (m) de voo	թռիչքի ուշացում	[tʰričkʰí ušatsʰúm]
painel (m) de informação	տեղեկատվական վահանակ	[teġekatvakán vahanák]
informação (f)	տեղեկատվություն	[teġekatvutʰjún]
anunciar (vt)	հայտարարել	[hajtararél]
voo (m)	ռեյս	[rejs]
alfândega (f)	մաքսատուն	[makʰsatún]
funcionário (m) da alfândega	մաքսավոր	[makʰsavór]
declaração (f) alfandegária	հայտարարագիր	[hajtararagír]
preencher a declaração	հայտարարագիր լրացնել	[hajtararagír lratsʰnél]
controle (m) de passaporte	անձնագրային ստուգում	[andznagrajín stugúm]
bagagem (f)	ուղեբեռ	[uġebér]
bagagem (f) de mão	ձեռքի ուղեբեռ	[dzerkʰí uġebér]
carrinho (m)	սայլակ	[sajlák]
pouso (m)	վայրէջք	[vajrēdʒkʰ]
pista (f) de pouso	վայրէջքի ուղի	[vajrēdʒkʰí uġí]
aterrissar (vi)	վայրէջք կատարել	[vajrēdʒkʰ katarél]
escada (f) de avião	օդանավասանդուղք	[odanavasandúġkʰ]
check-in (m)	գրանցում	[grantsʰúm]
balcão (m) do check-in	գրանցատեղան	[grantsʰaseġán]
fazer o check-in	գրանցվել	[grantsʰvél]
cartão (m) de embarque	տեղակտրոն	[teġaktrón]
portão (m) de embarque	ելք	[elkʰ]
trânsito (m)	տարանցիկ չվերթ	[tarantsʰík čvertʰ]
esperar (vi, vt)	սպասել	[spasél]
sala (f) de espera	սպասասրահ	[spasasráh]

| despedir-se (acompanhar) | ճանապարհել | [čanaparhél] |
| despedir-se (dizer adeus) | հրաժեշт տալ | [hraʒéšt tál] |

24. Avião

avião (m)	ինքնաթիռ	[inkʰnatʰír]
passagem (f) aérea	ավիատոմս	[aviatóms]
companhia (f) aérea	ավիաընկերություն	[aviaənkerutʰjún]
aeroporto (m)	օդանավակայան	[odanavakaján]
supersônico (adj)	գերձայնային	[gerʣajnajín]

comandante (m) do avião	օդանավի հրամանատար	[odanaví hramanatár]
tripulação (f)	անձնակազմ	[andznakázm]
piloto (m)	օդաչու	[odačú]
aeromoça (f)	ուղեկցորդուհի	[uġekʦʰorduhí]
copiloto (m)	օդաչու	[ġekapét]

asas (f pl)	թևեր	[tʰevér]
cauda (f)	պոչ	[poč]
cabine (f)	խցիկ	[xʦʰik]
motor (m)	շարժիչ	[šarʒíč]
trem (m) de pouso	շասսի	[šassí]
turbina (f)	տուրբին	[turbín]
hélice (f)	պրոպելեր	[propellér]
caixa-preta (f)	սև արկղ	[sev árkġ]
coluna (f) de controle	ղեկանիվ	[ġekanív]
combustível (m)	վառելիք	[varelíkʰ]

instruções (f pl) de segurança	ձեռնարկ	[dzernárk]
máscara (f) de oxigênio	թթվածնային դիմակ	[tʰtʰvaʦnajín dimák]
uniforme (m)	համազգեստ	[hamazgést]
colete (m) salva-vidas	փրկագոտի	[pʰrkagotí]
paraquedas (m)	պարաշյուտ	[parašjút]
decolagem (f)	թռիչք	[tʰričkʰ]
descolar (vi)	թռնել	[tʰrnel]
pista (f) de decolagem	թռիչքուղի	[tʰričkʰuġí]

visibilidade (f)	տեսանելիություն	[tesaneliutʰjún]
voo (m)	թռիչք	[tʰričkʰ]
altura (f)	բարձրություն	[bardzrutʰjún]
poço (m) de ar	օդային փոս	[odajín pʰós]

assento (m)	տեղ	[teġ]
fone (m) de ouvido	ականջակալներ	[akandzakalnér]
mesa (f) retrátil	բացվող սեղանիկ	[batsʰvóġ seġaník]
janela (f)	իլյումինատոր	[iljuminátor]
corredor (m)	անցուղի	[anʦʰuġí]

25. Comboio

| trem (m) | գնացք | [gnatsʰkʰ] |
| trem (m) elétrico | էլեկտրագնացք | [ēlektragnátsʰkʰ] |

trem (m)	արագընթաց գնացք	[aragənthátsʰ gnátsʰkʰ]
locomotiva (f) diesel	չերմաքարշ	[dʒermakʰárš]
locomotiva (f) a vapor	շոգեքարշ	[šokekʰárš]

vagão (f) de passageiros	վագոն	[vagón]
vagão-restaurante (m)	վագոն-ռեստորան	[vagón restorán]

carris (m pl)	գծեր	[gtser]
estrada (f) de ferro	երկաթգիծ	[erkatʰgíts]
travessa (f)	կոճ	[koč]

plataforma (f)	կառամատույց	[karamatújtsʰ]
linha (f)	ուղի	[uģí]
semáforo (m)	նշանայուն	[nšanasjún]
estação (f)	կայարան	[kajarán]

maquinista (m)	մեքենավար	[mekʰenavár]
bagageiro (m)	բեռնակիր	[bernakír]
hospedeiro, -a (m, f)	ուղեկից	[uģekítsʰ]
passageiro (m)	ուղևոր	[uģevór]
revisor (m)	հսկիչ	[hskič]

corredor (m)	միջանցք	[midʒántsʰkʰ]
freio (m) de emergência	ավտոմատ կանգառման սարք	[avtomát kangarmán sárkʰ]
compartimento (m)	կուպե	[kupé]
cama (f)	մահճակ	[mahčák]
cama (f) de cima	վերևի մահճակատեղ	[vereví mahčakatéģ]
cama (f) de baixo	ներքևի մահճակատեղ	[nerkʰeví mahčakatéģ]
roupa (f) de cama	անկողին	[ankoģín]

passagem (f)	տոմս	[toms]
horário (m)	չվացուցակ	[čvatsʰutsʰák]
painel (m) de informação	ցուցատախտակ	[tsʰutsʰataχták]

partir (vt)	մեկնել	[meknél]
partida (f)	մեկնում	[meknúm]
chegar (vi)	ժամանել	[ʒamanél]
chegada (f)	ժամանում	[ʒamanúm]

chegar de trem	ժամանել գնացքով	[ʒamanél gnatsʰkʰóv]
pegar o trem	գնացք նստել	[gnátsʰkʰ nstel]
descer de trem	գնացքից իջնել	[gnatsʰkʰítsʰ idʒnél]

acidente (m) ferroviário	խորտակում	[χortakúm]
locomotiva (f) a vapor	շոգեքարշ	[šokekʰárš]
foguista (m)	հնոցապան	[hnotsʰapán]
fornalha (f)	վառարան	[vararán]
carvão (m)	ածուխ	[atsúχ]

26. Barco

navio (m)	նավ	[nav]
embarcação (f)	նավ	[nav]

barco (m) a vapor	շոգենավ	[šogenáv]
barco (m) fluvial	շերմանավ	[dʒermanáv]
transatlântico (m)	լայներ	[lájner]
cruzeiro (m)	հածանավ	[hatsanáv]
iate (m)	զբոսանավ	[zbosanáv]
rebocador (m)	նավակարշ	[navakʰárš]
barcaça (f)	բեռնանավ	[bernanáv]
ferry (m)	լաստանավ	[lastanáv]
veleiro (m)	առագաստանավ	[aragastanáv]
bergantim (m)	բրիգանտինա	[brigantína]
quebra-gelo (m)	սառցահատ	[sartsʰapát]
submarino (m)	սուզանավ	[suzanáv]
bote, barco (m)	նավակ	[navák]
baleeira (bote salva-vidas)	մակույկ	[makújk]
bote (m) salva-vidas	փրկararakán մակույկ	[pʰrkararakán makújk]
lancha (f)	մոտորանավակ	[motoranavák]
capitão (m)	նավապետ	[navapét]
marinheiro (m)	նավաստի	[navastí]
marujo (m)	ծովային	[tsovajín]
tripulação (f)	անձնակազմ	[andznakázm]
contramestre (m)	բոցման	[botsʰmán]
grumete (m)	նավի փոքրավոր	[naví pʰokʰravór]
cozinheiro (m) de bordo	նավի խոհարար	[naví xoharár]
médico (m) de bordo	նավի բժիշկ	[naví bʒíšk]
convés (m)	տախտակամած	[taχtakamáts]
mastro (m)	կայմ	[kajm]
vela (f)	առագաստ	[aragást]
porão (m)	նավամբար	[navambár]
proa (f)	նավախիթ	[navakʰítʰ]
popa (f)	նավախել	[navaχél]
remo (m)	թիակ	[tʰiak]
hélice (f)	պտուտակ	[ptuták]
cabine (m)	նավասենյակ	[navasenják]
sala (f) dos oficiais	ընդհանուր նավասենյակ	[əndhanúr navasenják]
sala (f) das máquinas	մեքենաների բաժանմունք	[mekenanerí baʒanmúnkʰ]
ponte (m) de comando	նավապետի կամրջակ	[navapetí kamrdʒák]
sala (f) de comunicações	ռադիոխցիկ	[radioχtsʰík]
onda (f)	ալիք	[alíkʰ]
diário (m) de bordo	նավամատյան	[navamatján]
luneta (f)	հեռադիտակ	[heraditák]
sino (m)	զանգ	[zang]
bandeira (f)	դրոշ	[droš]
cabo (m)	ճոպան	[čopán]
nó (m)	հանգույց	[hangújtsʰ]
corrimão (m)	բռնածող	[brnadzóġ]

34

prancha (f) de embarque	նավասանդուղք	[navasandúgkʰ]
âncora (f)	խարիսխ	[xarísx]
recolher a âncora	խարիսխը բարձրացնել	[xarísxə bardzratsʰnél]
jogar a âncora	խարիսխը գցել	[xarísxə gtsʰél]
amarra (corrente de âncora)	խարասխաշղթա	[xarsxašǵtʰá]

porto (m)	նավահանգիստ	[navahangíst]
cais, amarradouro (m)	նավամատույց	[navamatújtsʰ]
atracar (vi)	կառանել	[karanél]
desatracar (vi)	մեկնել	[meknél]

viagem (f)	ճանապարհորդություն	[čanaparhordutʰjún]
cruzeiro (m)	ծովագնացություն	[tsovagnatsʰutʰjún]
rumo (m)	ուղղություն	[uǵutʰjún]
itinerário (m)	երթուղի	[ertʰuǵí]

canal (m) de navegação	նավարկուղի	[navarkuǵí]
banco (m) de areia	ծանծաղուտ	[tsantsaǵút]
encalhar (vt)	ծանծաղուտ ընկնել	[tsantsaǵút ənknél]

tempestade (f)	փոթորիկ	[pʰotʰorík]
sinal (m)	ազդանշան	[azdanšán]
afundar-se (vr)	խորտակվել	[xortakvél]
SOS	SOS	[sos]
boia (f) salva-vidas	փրկագոտի	[pʰrkagotí]

CIDADE

27. Transportes urbanos

ônibus (m)	ավտոբուս	[avtobús]
bonde (m) elétrico	տրամվայ	[tramváj]
trólebus (m)	տրոլեյբուս	[trolejbús]
rota (f), itinerário (m)	ուղի	[uǵí]
número (m)	համար	[hamár]

ir de … (carro, etc.)	… ով գնալ	[… ov gnal]
entrar no …	նստել	[nstel]
descer do …	իջնել	[idʒnél]

parada (f)	կանգառ	[kangár]
próxima parada (f)	հաջորդ կանգառ	[hadʒórd kangár]
terminal (m)	վերջին կանգառ	[verdʒín kangár]
horário (m)	ժամանակացույց	[ʒamanakatsʰújtsʰ]
esperar (vt)	սպասել	[spasél]

passagem (f)	տոմս	[toms]
tarifa (f)	տոմսի արժեքը	[tomsí arʒékʰə]
bilheteiro (m)	տոմսավաճառ	[tomsavačár]
controle (m) de passagens	ստուգում	[stugúm]
revisor (m)	հսկիչ	[hskič]

atrasar-se (vr)	ուշանալ	[ušanál]
perder (o autocarro, etc.)	ուշանալ … իg	[ušanál … ítsʰ]
estar com pressa	շտապել	[štapél]

táxi (m)	տաքսի	[taksí]
taxista (m)	տաքսու վարորդ	[taksú varórd]
de táxi (ir ~)	տաքսիով	[taksióv]
ponto (m) de táxis	տաքսիների կայան	[taksinerí kaján]
chamar um táxi	տաքսի կանչել	[taksí kančél]
pegar um táxi	տաքսի վերցնել	[taksí vertsʰnél]

tráfego (m)	ճանապարհային երթևեկություն	[čanaparhajín ertʰevekutʰjún]
engarrafamento (m)	խցանում	[xtsʰanúm]
horas (f pl) de pico	պիկ ժամ	[pík ʒám]
estacionar (vi)	կանգնեցնել	[kangnetsʰnél]
estacionar (vt)	կանգնեցնել	[kangnetsʰnél]
parque (m) de estacionamento	ավտոկայան	[avtokaján]

metrô (m)	մետրո	[metró]
estação (f)	կայարան	[kajarán]
ir de metrô	մետրոյով գնալ	[metrojóv gnal]
trem (m)	գնացք	[gnatsʰkʰ]
estação (f) de trem	կայարան	[kajarán]

28. Cidade. Vida na cidade

cidade (f)	քաղաք	[kaġákʰ]
capital (f)	մայրաքաղաք	[majrakaġákʰ]
aldeia (f)	գյուղ	[gjuġ]
mapa (m) da cidade	քաղաքի հատակագիծ	[kʰaġakʰí hatakagíts]
centro (m) da cidade	քաղաքի կենտրոն	[kʰaġakʰí kentrón]
subúrbio (m)	արվարձան	[arvardzán]
suburbano (adj)	մերձքաղաքային	[merdzkʰaġakʰajín]
periferia (f)	ծայրամաս	[tsajramás]
arredores (m pl)	շրջակայք	[šrdʒakájkʰ]
quarteirão (m)	թաղամաս	[tʰaġamás]
quarteirão (m) residencial	բնակելի թաղամաս	[bnakelí tʰaġamás]
tráfego (m)	երթևեկություն	[ertʰevekutʰjún]
semáforo (m)	լուսակիր	[lusakír]
transporte (m) público	քաղաքային տրանսպորտ	[kʰaġakʰajín transpórt]
cruzamento (m)	խաչմերուկ	[χačmerúk]
faixa (f)	անցում	[antsʰúm]
túnel (m) subterrâneo	գետնանցում	[getnantsʰúm]
cruzar, atravessar (vt)	անցնել	[antsʰnél]
pedestre (m)	հետիոտն	[hetiótn]
calçada (f)	մայթ	[majtʰ]
ponte (f)	կամուրջ	[kamúrdʒ]
margem (f) do rio	ափ - գետափ	[arapʰnjá pʰoġótsʰ]
fonte (f)	շատրվան	[šatrván]
alameda (f)	ծառուղի	[tsaruġí]
parque (m)	զբոսայգի	[zbosajgí]
bulevar (m)	բուլվար	[bulvár]
praça (f)	հրապարակ	[hraparák]
avenida (f)	պողոտա	[poġóta]
rua (f)	փողոց	[pʰoġótsʰ]
travessa (f)	նրբանցք	[nrbantsʰkʰ]
beco (m) sem saída	փակուղի	[pʰakuġí]
casa (f)	տուն	[tun]
edifício, prédio (m)	շենք	[šenkʰ]
arranha-céu (m)	երկնաքեր	[erknakʰér]
fachada (f)	ճակատամաս	[čakatamás]
telhado (m)	տանիք	[taníkʰ]
janela (f)	պատուհան	[patuhán]
arco (m)	կամար	[kamár]
coluna (f)	սյուն	[sjun]
esquina (f)	անկյուն	[ankjún]
vitrine (f)	ցուցափեղկ	[tsʰutsʰapʰéġk]
letreiro (m)	ցուցանակ	[tsʰutsʰanák]
cartaz (do filme, etc.)	azgagír	[azdagír]
cartaz (m) publicitário	գովազդային ձգապաստառ	[govazdajín dzgapastár]

painel (m) publicitário	գովազդային վահանակ	[govazdajín vahanák]
lixo (m)	աղբ	[aǵb]
lata (f) de lixo	աղբաման	[aǵbamán]
jogar lixo na rua	աղբոտել	[aǵbotél]
aterro (m) sanitário	աղբավայր	[aǵbavájr]

orelhão (m)	հեռախոսախցիկ	[heraxosaxtsʰík]
poste (m) de luz	լապտերասյուն	[lapterasjún]
banco (m)	նստարան	[nstarán]

polícia (m)	ոստիկան	[vostikán]
polícia (instituição)	ոստիկանություն	[vostikanutʰjún]
mendigo, pedinte (m)	մուրացկան	[muratsʰkán]
desabrigado (m)	անoթևան մարդ	[anotʰeván márd]

29. Instituições urbanas

loja (f)	խանութ	[xanútʰ]
drogaria (f)	դեղատուն	[deǵatún]
ótica (f)	օպտիկա	[óptika]
centro (m) comercial	առևտրի կենտրոն	[arevtrí kentrón]
supermercado (m)	սուպերմարքեթ	[supermarkʰétʰ]

padaria (f)	հացաբուլկեղենի խանութ	[hatsʰabulkeǵení xanútʰ]
padeiro (m)	հացթուխ	[hatsʰtʰúx]
pastelaria (f)	հրուշակեղենի խանութ	[hrušakeǵení xanútʰ]
mercearia (f)	նպարեղենի խանութ	[npareǵení xanútʰ]
açougue (m)	մսի խանութ	[msi xanútʰ]

| fruteira (f) | բանջարեղենի կրպակ | [bandʒareǵení krpák] |
| mercado (m) | շուկա | [šuká] |

cafeteria (f)	սրճարան	[srčarán]
restaurante (m)	ռեստորան	[restorán]
bar (m)	գարեջրատուն	[garedʒratún]
pizzaria (f)	պիցցերիա	[pitsʰería]

salão (m) de cabeleireiro	վարսավիրանոց	[varsaviranótsʰ]
agência (f) dos correios	փոստ	[pʰost]
lavanderia (f)	քիմմաքրման կետ	[kʰimmakʰrmán két]
estúdio (m) fotográfico	ֆոտոսրահ	[fotosráh]

sapataria (f)	կոշիկի սրահ	[košikí sráh]
livraria (f)	գրախանութ	[graxanútʰ]
loja (f) de artigos esportivos	սպորտային խանութ	[sportajín xanútʰ]

costureira (m)	հագուստի վերանորոգում	[hagustí veranorogúm]
aluguel (m) de roupa	հագուստի վարձույթ	[hagustí vardzújtʰ]
videolocadora (f)	տեսաֆիլմերի վարձույթ	[tesafilmerí vardzújtʰ]

circo (m)	կրկես	[krkes]
jardim (m) zoológico	կենդանաբանական այգի	[kendanabanakán ajgí]
cinema (m)	կինոթատրոն	[kinotʰatrón]
museu (m)	թանգարան	[tʰangarán]

biblioteca (f)	գրադարան	[gradarán]
teatro (m)	թատրոն	[tʰatrón]
ópera (f)	օպերա	[operá]
boate (casa noturna)	գիշերային ակումբ	[gišerajín akúmb]
cassino (m)	խաղատուն	[χaġatún]

mesquita (f)	մզկիթ	[mzkitʰ]
sinagoga (f)	սինագոգ	[sinagóg]
catedral (f)	տաճար	[tačár]
templo (m)	տաճար	[tačár]
igreja (f)	եկեղեցի	[ekeġetsʰí]

faculdade (f)	ինստիտուտ	[institút]
universidade (f)	համալսարան	[hamalsarán]
escola (f)	դպրոց	[dprotsʰ]

prefeitura (f)	ոստիկանապետություն	[vostikanapetutʰjún]
câmara (f) municipal	քաղաքապետարան	[kʰaġakapetarán]
hotel (m)	հյուրանոց	[hjuranótsʰ]
banco (m)	բանկ	[bank]

embaixada (f)	դեսպանատուն	[despanatún]
agência (f) de viagens	տուրիստական գործակալություն	[turistakán gortsakalutʰjún]
agência (f) de informações	տեղեկատվական բյուրո	[teġekatvakán bjuró]
casa (f) de câmbio	փոխանակման կետ	[pʰoχanakmán két]

metrô (m)	մետրո	[metró]
hospital (m)	հիվանդանոց	[hivandanótsʰ]

posto (m) de gasolina	բենզալցակայան	[benzaltsʰakaján]
parque (m) de estacionamento	ավտոկայան	[avtokaján]

30. Sinais

letreiro (m)	ցուցանակ	[tsʰutsʰanák]
aviso (m)	ցուցագիր	[tsʰutsʰagír]
cartaz, pôster (m)	ձգապաստառ	[dzgapastár]
placa (f) de direção	ուղեցույց	[uġetsʰújtsʰ]
seta (f)	սլաք	[slakʰ]

aviso (advertência)	նախազգուշացում	[naχazgušatsʰúm]
sinal (m) de aviso	զգուշացում	[zgušatsʰúm]
avisar, advertir (vt)	զգուշացնել	[zgušatsʰnél]

dia (m) de folga	հանգստյան օր	[hangstján ór]
horário (~ dos trens, etc.)	ժամանակացույց	[ʒamanakatsʰújtsʰ]
horário (m)	աշխատանքային ժամեր	[ašχatankʰajín ʒamér]

BEM-VINDOS!	ԲԱՐԻ ԳԱԼՈՒՍՏ	[barí galúst!]
ENTRADA	ՄՈՒՏՔ	[mutkʰ]
SAÍDA	ԵԼՔ	[elkʰ]
EMPURRE	ԴԵՊԻ ԴՈՒՐՍ	[depí durs]
PUXE	ԴԵՊԻ ՆԵՐՍ	[dépi ners]

| ABERTO | ԲԱՑ Է | [batsʰ ē] |
| FECHADO | ՓԱԿ Է | [pʰak ē] |

| MULHER | ԿԱՆԱՑ ՀԱՄԱՐ | [kanántsʰ hamár] |
| HOMEM | ՏՂԱՄԱՐԴԿԱՆՑ ՀԱՄԱՐ | [tġamardkántsʰ hamár] |

DESCONTOS	ԶԵՂՉԵՐ	[zeġčér]
SALDOS, PROMOÇÃO	Ի ՍՊԱՌ ՎԱՃԱՌՔ	[i spar vačárkʰ]
NOVIDADE!	ՆՈՐՈՒԹՅԹ	[norújtʰ!]
GRÁTIS	ԱՆՎՃԱՐ	[anvčár]

ATENÇÃO!	ՈՒՇԱԴՐՈՒԹՅՈՒՆ	[ušadrutʰjún!]
NÃO HÁ VAGAS	ՏԵՂԵՐ ՉԿԱՆ	[teġér čkan]
RESERVADO	ՊԱՏՎԻՐՎԱԾ Է	[patvirváts ē]

ADMINISTRAÇÃO	ԱԴՄԻՆԻՍՏՐԱՑԻԱ	[administrátsʰia]
SOMENTE PESSOAL	ՄԻԱՅՆ ԱՇԽԱՏԱԿԻՑՆԵՐԻ	[miájn ašχatakitsʰnerí
AUTORIZADO	ՀԱՄԱՐ	hamár]

CUIDADO CÃO FEROZ	ԿԱՏԱՂԻ ՇՈՒՆ	[kataġí šun]
PROIBIDO FUMAR!	ՉԾԽԵԼ	[čtsχél!]
NÃO TOCAR	ՁԵՌՔ ՉՏԱԼ	[dzerkʰ čtal]

PERIGOSO	ՎՏԱՆԳԱՎՈՐ Է	[vtangavór ē]
PERIGO	ՎՏԱՆԳԱՎՈՐ Է	[vtangavór ē]
ALTA TENSÃO	ԲԱՐՁՐ ԼԱՐՈՒՄ	[bárdzr larúm]
PROIBIDO NADAR	ԼՈՂԱԼՆ ԱՐԳԵԼՎՈՒՄ Է	[loġáln argelvúm ē]
COM DEFEITO	ՉԻ ԱՇԽԱՏՈՒՄ	[či ašχatúm]

INFLAMÁVEL	ՀՐԱՎՏԱՆԳԱՎՈՐ Է	[hravtangavór ē]
PROIBIDO	ԱՐԳԵԼՎԱԾ Է	[argelváts ē]
ENTRADA PROIBIDA	ԱՆՑՆԵԼՆ ԱՐԳԵԼՎԱԾ Է	[antsʰnéln argelváts ē]
CUIDADO TINTA FRESCA	ՆԵՐԿՎԱԾ Է	[nerkváts ē]

31. Compras

comprar (vt)	գնել	[gnel]
compra (f)	գնում	[gnum]
fazer compras	գնումներ կատարել	[gnumnér katarél]
compras (f pl)	գնումներ	[gnumnér]

| estar aberta (loja) | աշխատել | [ašχatél] |
| estar fechada | փակվել | [pʰakvél] |

calçado (m)	կոշիկ	[košík]
roupa (f)	հագուստ	[hagúst]
cosméticos (m pl)	կոսմետիկա	[kosmétika]
alimentos (m pl)	մթերքներ	[mtʰerkʰnér]
presente (m)	նվեր	[nver]

vendedor (m)	վաճառող	[vačaróġ]
vendedora (f)	վաճառողուհի	[vačaroġuhí]
caixa (f)	դրամարկղ	[dramárkġ]
espelho (m)	հայելի	[hajelí]

balcão (m)	վաճառասեղան	[vačaraseġán]
provador (m)	հանդերձարան	[handerdzarán]
provar (vt)	փորձել	[pʰordzél]
servir (roupa, caber)	սազել	[sazél]
gostar (apreciar)	դուր գալ	[dur gal]
preço (m)	գին	[gin]
etiqueta (f) de preço	գնապիտակ	[gnapiták]
custar (vt)	արժենալ	[arʒenál]
Quanto?	Որքա՞ն արժե	[vorkʰán arʒé?]
desconto (m)	զեղչ	[zeġč]
não caro (adj)	ոչ թանկ	[voč tʰank]
barato (adj)	էժան	[ēʒán]
caro (adj)	թանկ	[tʰank]
É caro	Սա թանկ է	[sa tʰánk ē]
aluguel (m)	վարձույթ	[vardzújtʰ]
alugar (roupas, etc.)	վարձել	[vardzél]
crédito (m)	վարկ	[vark]
a crédito	վարկով	[varkóv]

VESTUÁRIO & ACESSÓRIOS

32. Roupa exterior. Casacos

roupa (f)	հագուստ	[hagúst]
roupa (f) exterior	վերնազգեստ	[vernazgést]
roupa (f) de inverno	ձմեռային հագուստ	[dzmerajín hagúst]
sobretudo (m)	վերարկու	[verarkú]
casaco (m) de pele	մուշտակ	[mušták]
jaqueta (f) de pele	կիսամուշտակ	[kisamušták]
casaco (m) acolchoado	բմբուլե բաճկոն	[bmbulé bačkón]
casaco (m), jaqueta (f)	բաճկոն	[bačkón]
impermeável (m)	թիկնոց	[tʰiknótsʰ]
a prova d'água	անջրանցիկ	[andʒrantsʰík]

33. Vestuário de homem & mulher

camisa (f)	վերնաշապիկ	[vernašapík]
calça (f)	տաբատ	[tabát]
jeans (m)	ջինսեր	[dʒinsér]
paletó, terno (m)	պիջակ	[pidʒák]
terno (m)	կոստյում	[kostjúm]
vestido (ex. ~ de noiva)	զգեստ	[zgest]
saia (f)	շրջազգեստ	[šrdʒazgést]
blusa (f)	բլուզ	[bluz]
casaco (m) de malha	կոֆտա	[koftá]
casaco, blazer (m)	ժակետ	[ʒakét]
camiseta (f)	մարզաշապիկ	[marzašapík]
short (m)	կարճ տաբատ	[karč tabát]
training (m)	մարզազգեստ	[marzazgést]
roupão (m) de banho	խալաթ	[xalátʰ]
pijama (m)	ննջազգեստ	[nndʒazgést]
suéter (m)	սվիտեր	[svitér]
pulôver (m)	պուլովեր	[pulóver]
colete (m)	բաճկոնակ	[bačkonák]
fraque (m)	ֆրակ	[frak]
smoking (m)	սմոկինգ	[smóking]
uniforme (m)	համազգեստ	[hamazgést]
roupa (f) de trabalho	աշխատանքային համազգեստ	[ašχatankʰajín hamazgést]
macacão (m)	կոմբինեզոն	[kombinezón]
jaleco (m), bata (f)	խալաթ	[xalátʰ]

42

34. Vestuário. Roupa interior

roupa (f) íntima	ներքնազգեստ	[nerkʰnazgést]
camiseta (f)	ներքնաշապիկ	[nerkʰnašapík]
meias (f pl)	կիսագուլպա	[kisagulpá]
camisola (f)	գիշերանոց	[gišeranótsʰ]
sutiã (m)	կրծքակալ	[krtskʰákal]
meias longas (f pl)	կարճ գուլպաներ	[karč gulpanér]
meias-calças (f pl)	զուգագուլպա	[zugagulpá]
meias (~ de nylon)	գուլպաներ	[gulpanér]
maiô (m)	լողազգեստ	[loǵazgést]

35. Adereços de cabeça

chapéu (m), touca (f)	գլխարկ	[glχark]
chapéu (m) de feltro	էզրավոր գլխարկ	[ezravór glχárk]
boné (m) de beisebol	մարզագլխարկ	[marzaglχárk]
boina (~ italiana)	կեպի	[képi]
boina (ex. ~ basca)	բերետ	[berét]
capuz (m)	գլխանոց	[glχanótsʰ]
chapéu panamá (m)	պանամա	[panáma]
touca (f)	գործած գլխարկ	[gortsáts glχárk]
lenço (m)	գլխաշոր	[glχašór]
chapéu (m) feminino	գլխարկիկ	[glχarkík]
capacete (m) de proteção	սաղավարտ	[saǵavárt]
bibico (m)	պիլոտկա	[pilótka]
capacete (m)	սաղավարտ	[saǵavárt]
chapéu-coco (m)	կոտելոկ	[kotelók]
cartola (f)	գլանագլխարկ	[glanaglχárk]

36. Calçado

calçado (m)	կոշիկ	[košík]
botinas (f pl), sapatos (m pl)	ճտքավոր կոշիկներ	[čtkʰavór košiknér]
sapatos (de salto alto, etc.)	կոշիկներ	[košiknér]
botas (f pl)	երկարաճիտ կոշիկներ	[erkaračít košiknér]
pantufas (f pl)	հողաթափեր	[hoǵatʰapʰér]
tênis (~ Nike, etc.)	բոթասներ	[botʰasnér]
tênis (~ Converse)	մարզական կոշիկներ	[marzakán košiknér]
sandálias (f pl)	սանդալներ	[sandalnér]
sapateiro (m)	կոշկակար	[koškakár]
salto (m)	կրունկ	[krunk]
par (m)	զույգ	[zujg]
cadarço (m)	կոշկակապ	[koškakáp]

amarrar os cadarços	կոշկակապել	[koškakapél]
calçadeira (f)	թիակ	[tʰiak]
graxa (f) para calçado	կոշիկի քսուք	[košikí ksúkʰ]

37. Acessórios pessoais

luva (f)	ձեռնոցներ	[dzernotsʰnér]
mitenes (f pl)	ձեռնոց	[dzernótsʰ]
cachecol (m)	շարֆ	[šarf]

óculos (m pl)	ակնոց	[aknótsʰ]
armação (f)	շրջանակ	[šrdʒanák]
guarda-chuva (m)	հովանոց	[hovanótsʰ]
bengala (f)	ձեռնափայտ	[dzernapʰájt]
escova (f) para o cabelo	մազերի խոզանակ	[mazerí xozanák]
leque (m)	հովհար	[hovhár]

gravata (f)	փողկապ	[pʰoġkáp]
gravata-borboleta (f)	փողկապ-թիթեռնիկ	[pʰoġkáp tʰitʰerník]
suspensórios (m pl)	տաբատակալ	[tabatakál]
lenço (m)	թաշկինակ	[tʰaškinák]

pente (m)	սանր	[sanr]
fivela (f) para cabelo	մազակալ	[mazakál]
grampo (m)	ծամկալ	[tsamkál]
fivela (f)	ճարմանդ	[čarmánd]

| cinto (m) | գոտի | [gotí] |
| alça (f) de ombro | փոկ | [pʰok] |

bolsa (f)	պայուսակ	[pajusák]
bolsa (feminina)	կանացի պայուսակ	[kanatsʰí pajusák]
mochila (f)	ուղեպարկ	[uġepárk]

38. Vestuário. Diversos

moda (f)	նորաձևություն	[noradzevutʰjún]
na moda (adj)	նորաձև	[noradzév]
estilista (m)	մոդելեր	[modelér]

colarinho (m)	օձիք	[odzíkʰ]
bolso (m)	գրպան	[grpan]
de bolso	գրպանի	[grpaní]
manga (f)	թև	[tʰevkʰ]
ganchinho (m)	կախիչ	[kaxíč]
bragueta (f)	լայնույթ	[lajnújtʰ]

zíper (m)	կայծականճարմանդ	[kajtsaka čarmánd]
colchete (m)	ճարմանդ	[čarmánd]
botão (m)	կոճակ	[kočák]
botoeira (casa de botão)	հանգույց	[hangújtsʰ]
soltar-se (vr)	պոկվել	[pokvél]

costurar (vi)	կարել	[karél]
bordar (vt)	ասեղնագործել	[aseġnagortsél]
bordado (m)	ասեղնագործություն	[aseġnagortsutʰjún]
agulha (f)	ասեղ	[aséġ]
fio, linha (f)	թել	[tʰel]
costura (f)	կար	[kar]

sujar-se (vr)	կեղտոտվել	[keġtotvél]
mancha (f)	բիծ	[bits]
amarrotar-se (vr)	ճմրթվել	[čmrtʰel]
rasgar (vt)	ճղվել	[čġvel]
traça (f)	ցեց	[tsʰetsʰ]

39. Cuidados pessoais. Cosméticos

pasta (f) de dente	ատամի մածուկ	[atamí matsúk]
escova (f) de dente	ատամի խոզանակ	[atamí χozanák]
escovar os dentes	ատամներն մաքրել	[atamnérə makʰrél]

gilete (f)	ածելի	[atselí]
creme (m) de barbear	սափրվելու կրեմ	[sapʰrvelú krem]
barbear-se (vr)	սափրվել	[sapʰrvél]

| sabonete (m) | օճառ | [očár] |
| xampu (m) | շամպուն | [šampún] |

tesoura (f)	մկրատ	[mkrat]
lixa (f) de unhas	խարտոց	[χartótsʰ]
corta-unhas (m)	ունելիք	[unelíkʰ]
pinça (f)	ունելի	[unelí]

cosméticos (m pl)	կոսմետիկա	[kosmétika]
máscara (f)	դիմակ	[dimák]
manicure (f)	մանիկյուր	[manikjúr]
fazer as unhas	մատնահարդարում	[matnahardarúm]
pedicure (f)	պեդիկյուր	[pedikjúr]

bolsa (f) de maquiagem	կոսմետիկայի պայուսակ	[kosmetikají pajusák]
pó (de arroz)	դիմափոշի	[dimapʰoší]
pó (m) compacto	դիմափոշու աման	[dimapʰošú amán]
blush (m)	կարմրաներկ	[karmranérk]

perfume (m)	օծանելիք	[otsanelíkʰ]
água-de-colônia (f)	անուշահոտ ջուր	[anušahót dʒur]
loção (f)	լոսյոն	[losjón]
colônia (f)	օդեկոլոն	[odekolón]

sombra (f) de olhos	կոպերի ներկ	[koperí nérk]
delineador (m)	աչքի մատիտ	[ačkʰí matít]
máscara (f), rímel (m)	տուշ	[tuš]

batom (m)	շրթներկ	[šrtʰnerk]
esmalte (m)	եղունգների լաք	[eġungnerí lákʰ]
laquê (m), spray fixador (m)	մազերի լաք	[mazerí lakʰ]

45

desodorante (m)	դեզոդորանտ	[dezodoránt]
creme (m)	կրեմ	[krem]
creme (m) de rosto	դեմքի կրեմ	[demkʰí krem]
creme (m) de mãos	ձեռքի կրեմ	[dzerkʰí krem]
creme (m) antirrugas	կնճիռների դեմ կրեմ	[knčirnerí dém krém]
de dia	գերեկային	[tsʰerekajín]
da noite	գիշերային	[gišerajín]

absorvente (m) interno	տամպոն	[tampón]
papel (m) higiênico	զուգարանի թուղթ	[zugaraní tʰúgtʰ]
secador (m) de cabelo	ֆեն	[fen]

40. Relógios de pulso. Relógios

relógio (m) de pulso	ձեռքի ժամացույց	[dzerkʰí ʒamatsʰújsʰ]
mostrador (m)	թվահարթակ	[tʰvahartʰák]
ponteiro (m)	սլաք	[slakʰ]
bracelete (em aço)	շղթա	[šġtʰa]
bracelete (em couro)	փոկ	[pʰok]

pilha (f)	մարտկոց	[martkótsʰ]
acabar (vi)	նստել	[nstel]
trocar a pilha	մարտկոցը փոխել	[martkótsʰə pʰoχél]
estar adiantado	առաջ ընկնել	[arádʒ ənknél]
estar atrasado	ետ ընկնել	[et ənknél]

relógio (m) de parede	պատի ժամացույց	[patí ʒamatsʰújtsʰ]
ampulheta (f)	ավազի ժամացույց	[avazí ʒamatsʰújtsʰ]
relógio (m) de sol	արևի ժամացույց	[areví ʒamatsʰújtsʰ]
despertador (m)	զարթուցիչ	[zartʰutsʰíč]
relojoeiro (m)	ժամագործ	[ʒamagórts]
reparar (vt)	նորոգել	[norogél]

EXPERIÊNCIA DO QUOTIDIANO

41. Dinheiro

dinheiro (m)	դրամ	[dram]
câmbio (m)	փոխանակում	[pʰoχanakúm]
taxa (f) de câmbio	փոխարժեք	[pʰoχarʒékʰ]
caixa (m) eletrônico	բանկոմատ	[bankomát]
moeda (f)	մետաղադրամ	[metaġadrám]
dólar (m)	դոլլար	[dollár]
euro (m)	եվրո	[évro]
lira (f)	լիրա	[líra]
marco (m)	մարկ	[mark]
franco (m)	ֆրանկ	[frank]
libra (f) esterlina	ֆունտ ստերլինգ	[fúnt stérling]
iene (m)	յեն	[jen]
dívida (f)	պարտք	[partkʰ]
devedor (m)	պարտապան	[partapán]
emprestar (vt)	պարտքով տալ	[partkʰóv tal]
pedir emprestado	պարտքով վերցնել	[partkʰóv vertsʰnél]
banco (m)	բանկ	[bank]
conta (f)	հաշիվ	[hašív]
depositar na conta	հաշվի վրա զգել	[hašví vra gtsʰel]
sacar (vt)	հաշվից հանել	[hašvítsʰ hanél]
cartão (m) de crédito	վարկային քարտ	[varkʰajín kʰárt]
dinheiro (m) vivo	կանխիկ դրամ	[kanχík dram]
cheque (m)	չեք	[čekʰ]
passar um cheque	չեք դուրս գրել	[čekʰ durs grel]
talão (m) de cheques	չեքային գրքույկ	[čekʰajín grkʰújk]
carteira (f)	թղթապանակ	[tʰġtʰapanák]
niqueleira (f)	դրամապանակ	[dramapanák]
cofre (m)	չերկիզվող պահարան	[čhrkizvóġ paharán]
herdeiro (m)	ժառանգ	[ʒaráng]
herança (f)	ժառանգություն	[ʒarangutʰjún]
fortuna (riqueza)	ունեցվածք	[unetsʰvátskʰ]
arrendamento (m)	վարձ	[vardz]
aluguel (pagar o ~)	բնակվարձ	[bnakvárdz]
alugar (vt)	վարձել	[vardzél]
preço (m)	գին	[gin]
custo (m)	արժեք	[arʒékʰ]
soma (f)	գումար	[gumár]

gastar (vt)	ծախսել	[tsaχsél]
gastos (m pl)	ծախսեր	[tsaχsér]
economizar (vi)	տնտեսել	[tntesél]
econômico (adj)	տնտեսող	[tntesóǵ]

pagar (vt)	վճարել	[včarél]
pagamento (m)	վճար	[včár]
troco (m)	մանր	[manr]

imposto (m)	հարկ	[hark]
multa (f)	տուգանք	[tugánkʰ]
multar (vt)	տուգանել	[tuganél]

42. Correios. Serviço postal

agência (f) dos correios	փոստ	[pʰost]
correio (m)	փոստ	[pʰost]
carteiro (m)	փոստատար	[pʰostatár]
horário (m)	աշխատանքային ժամեր	[ašχatankʰajín ʒamér]

carta (f)	նամակ	[namák]
carta (f) registada	պատվիրված նամակ	[patvirváts namák]
cartão (m) postal	բացիկ	[batsʰík]
telegrama (m)	հեռագիր	[heragír]
encomenda (f)	ծանրոց	[tsanrótsʰ]
transferência (f) de dinheiro	դրամային փոխանցում	[dramajín pʰoχantsʰúm]

receber (vt)	ստանալ	[stanál]
enviar (vt)	ուղարկել	[uǵarkél]
envio (m)	ուղարկում	[uǵarkúm]

endereço (m)	հասցե	[hastsʰé]
código (m) postal	ինդեքս	[indéks]
remetente (m)	ուղարկող	[uǵarkóǵ]
destinatário (m)	ստացող	[statsʰóǵ]

nome (m)	անուն	[anún]
sobrenome (m)	ազգանուն	[azganún]

tarifa (f)	սակագին	[sakagín]
ordinário (adj)	սովորական	[sovorakán]
econômico (adj)	տնտեսող	[tntesóǵ]

peso (m)	քաշ	[kʰaš]
pesar (estabelecer o peso)	կշռել	[kšrel]
envelope (m)	ծրար	[tsrar]
selo (m) postal	նամականիշ	[namakaníš]

43. Banca

banco (m)	բանկ	[bank]
balcão (f)	բաժանմունք	[baʒanmúnkʰ]

| consultor (m) bancário | խորհրդատու | [χorhrdatú] |
| gerente (m) | կառավարիչ | [karavaríč] |

conta (f)	հաշիվ	[hašív]
número (m) da conta	հաշվի համար	[hašví hamár]
conta (f) corrente	ընթացիկ հաշիվ	[ənthatshík hašív]
conta (f) poupança	կուտակային հաշիվ	[kutakajín hašív]

abrir uma conta	հաշիվ բացել	[hašív batshél]
fechar uma conta	հաշիվ փակել	[hašív phakél]
depositar na conta	հաշվի վրա զգել	[hašví vra gtshel]
sacar (vt)	հաշվից հանել	[hašvítsh hanél]

depósito (m)	ավանդ	[avánd]
fazer um depósito	ավանդ ներդնել	[avánd nerdnél]
transferência (f) bancária	փոխանցում	[phoχantshúm]
transferir (vt)	փոխանցում կատարել	[phoχantshúm katarél]

| soma (f) | գումար | [gumár] |
| Quanto? | Որքա՞ն | [vorkhán?] |

| assinatura (f) | ստորագրություն | [storagruthjún] |
| assinar (vt) | ստորագրել | [storagrél] |

cartão (m) de crédito	վարկային քարտ	[varkhajín khárt]
senha (f)	կոդ	[kod]
número (m) do cartão de crédito	վարկային քարտի համար	[varkhajín khartí hamár]

| caixa (m) eletrônico | բանկոմատ | [bankomát] |

cheque (m)	չեք	[čekh]
passar um cheque	չեք դուրս գրել	[čekh durs grel]
talão (m) de cheques	չեքային գրքույկ	[čekhajín grkhújk]

empréstimo (m)	վարկ	[vark]
pedir um empréstimo	դիմել վարկ ստանալու համար	[dimél várk stanalú hamár]
obter empréstimo	վարկ վերցնել	[vark vertshnél]
dar um empréstimo	վարկ տրամադրել	[vark tramadrél]
garantia (f)	գրավական	[gravakán]

44. Telefone. Conversação telefônica

telefone (m)	հեռախոս	[heraχós]
celular (m)	բջջային հեռախոս	[bdʒdʒajín heraχós]
secretária (f) eletrônica	ինքնապատասխանիչ	[inkhnapatasχaníč]

| fazer uma chamada | զանգահարել | [zangaharél] |
| chamada (f) | զանգ | [zang] |

discar um número	համարը հավաքել	[hamárə havakhél]
Alô!	Ալո՜	[aló!]
perguntar (vt)	հարցնել	[hartshnél]
responder (vt)	պատասխանել	[patasχanél]

ouvir (vt)	լսել	[lsel]
bem	լավ	[lav]
mal	վատ	[vat]
ruído (m)	խանգարումներ	[xangarumnér]

fone (m)	լսափող	[lsapʰóg]
pegar o telefone	լսափողը վերցնել	[lsapʰógə vertsʰnél]
desligar (vi)	լսափողը դնել	[lsapʰógə dnél]

ocupado (adj)	զբաղված	[zbagváts]
tocar (vi)	զանգել	[zangél]
lista (f) telefônica	հեռախոսագիրք	[heraxosagírkʰ]

local (adj)	տեղային	[tegajín]
de longa distância	միջքաղաքային	[midʒkagakʰajín]
internacional (adj)	միջազգային	[midʒazgajín]

45. Telefone móvel

celular (m)	բջջային հեռախոս	[bdʒdʒajín heraxós]
tela (f)	էկրան	[ēkrán]
botão (m)	կոճակ	[kočák]
cartão SIM (m)	SIM-քարտ	[sim kʰart]

bateria (f)	մարտկոց	[martkótsʰ]
descarregar-se (vr)	լիցքաթափվել	[litsʰkʰatʰapʰvél]
carregador (m)	լիցքավորման սարք	[litsʰkavormán sárkʰ]

menu (m)	մենյու	[menjú]
configurações (f pl)	լարք	[larkʰ]
melodia (f)	մեղեդի	[megedí]
escolher (vt)	ընտրել	[əntrél]

calculadora (f)	հաշվիչ	[hašvíč]
correio (m) de voz	ինքնապատասխանիչ	[inkʰnapatasxaníč]
despertador (m)	զարթուցիչ	[zartʰutsʰíč]
contatos (m pl)	հեռախոսագիրք	[heraxosagírkʰ]

mensagem (f) de texto	SMS-հաղորդագրություն	[SMS hagordagrutʰjún]
assinante (m)	բաժանորդ	[baʒanórd]

46. Estacionário

caneta (f)	ինքնահոս գրիչ	[inkʰnahós gríč]
caneta (f) tinteiro	փետրավոր գրիչ	[pʰetravór grič]

lápis (m)	մատիտ	[matít]
marcador (m) de texto	նշիչ	[nšič]
caneta (f) hidrográfica	ֆլոմաստեր	[flomastér]

bloco (m) de notas	նոթատետր	[notʰatétr]
agenda (f)	օրագիրք	[oragírkʰ]

régua (f)	քանոն	[kʰanón]
calculadora (f)	հաշվիչ	[hašvíč]
borracha (f)	ռետին	[retín]
alfinete (m)	ունելակ	[severák]
clipe (m)	ամրակ	[amrák]

cola (f)	սոսինձ	[sosíndz]
grampeador (m)	ճարմանդակարիչ	[čarmandakaríč]
furador (m) de papel	ծակոտիչ	[tsakotíč]
apontador (m)	սրիչ	[srič]

47. Línguas estrangeiras

língua (f)	լեզու	[lezú]
língua (f) estrangeira	օտար լեզու	[otár lezú]
estudar (vt)	ուսումնասիրել	[usumnasirél]
aprender (vt)	սովորել	[sovorél]

ler (vt)	կարդալ	[kardál]
falar (vi)	խոսել	[xosél]
entender (vt)	հասկանալ	[haskanál]
escrever (vt)	գրել	[grel]

rapidamente	արագ	[arág]
devagar, lentamente	դանդաղ	[dandáǵ]
fluentemente	ազատ	[azát]

regras (f pl)	կանոն	[kanón]
gramática (f)	քերականություն	[kʰerakanutʰjún]
vocabulário (m)	բառագիտություն	[baragitutʰjún]
fonética (f)	հնչյունաբանություն	[hnčjunabanutʰjún]

livro (m) didático	դասագիրք	[dasagírkʰ]
dicionário (m)	բառարան	[bararán]
manual (m) autodidático	ինքնուսույց	[inkʰnusújtsʰ]
guia (m) de conversação	զրուցարան	[zrutsʰarán]

fita (f) cassete	ձայներիզ	[dzajneríz]
videoteipe (m)	տեսաերիզ	[tesaeríz]
CD (m)	խտասկավառակ	[xtaskavarák]
DVD (m)	DVD-սկավառակ	[dividí skavarák]

alfabeto (m)	այբուբեն	[ajbubén]
soletrar (vt)	տառերով արտասանել	[tareróv artasanél]
pronúncia (f)	արտասանություն	[artasanutʰjún]

sotaque (m)	ակցենտ	[aktsʰént]
com sotaque	ակցենտով	[aktsʰentóv]
sem sotaque	առանց ակցենտ	[arántsʰ aktsʰént]

palavra (f)	բառ	[bar]
sentido (m)	իմաստ	[imást]
curso (m)	դասընթաց	[dasəntʰátsʰ]
inscrever-se (vr)	գրանցվել	[grantsʰvél]

professor (m)	ուսուցիչ	[usutsʰíč]
tradução (processo)	թարգմանություն	[tʰargmanutʰjún]
tradução (texto)	թարգմանություն	[tʰargmanutʰjún]
tradutor (m)	թարգմանիչ	[tʰargmaníč]
intérprete (m)	թարգմանիչ	[tʰargmaníč]

| poliglota (m) | պոլիգլոտ | [poliglót] |
| memória (f) | հիշողություն | [hišoġutʰjún] |

REFEIÇÕES. RESTAURANTE

48. Por a mesa

colher (f)	գդալ	[gdal]
faca (f)	դանակ	[danák]
garfo (m)	պատառաքաղ	[patarakʰág]
xícara (f)	բաժակ	[baʒák]
prato (m)	ափսե	[apʰsé]
pires (m)	պնակ	[pnak]
guardanapo (m)	անձեռոցիկ	[andzerotsʰík]
palito (m)	ատամնափորիչ	[atamnapʰoríč]

49. Restaurante

restaurante (m)	ռեստորան	[restorán]
cafeteria (f)	սրճարան	[srčarán]
bar (m), cervejaria (f)	բար	[bar]
salão (m) de chá	թեյարան	[tʰejarán]
garçom (m)	մատուցող	[matutsʰóg]
garçonete (f)	մատուցողուհի	[matutsʰoguhí]
barman (m)	բարմեն	[barmén]
cardápio (m)	մենյու	[menjú]
lista (f) de vinhos	գինիների գրացանկ	[gininerí gratsʰánk]
reservar uma mesa	սեղան պատվիրել	[segán patvirél]
prato (m)	ուտեստ	[utést]
pedir (vt)	պատվիրել	[patvirél]
fazer o pedido	պատվեր կատարել	[patvér katarél]
aperitivo (m)	ապերիտիվ	[aperitív]
entrada (f)	խորտիկ	[χortík]
sobremesa (f)	աղանդեր	[agandér]
conta (f)	հաշիվ	[hašív]
pagar a conta	հաշիվը փակել	[hašívə pʰakél]
dar o troco	մանրը վերադարձնել	[mánrə veradartsnél]
gorjeta (f)	թեյափող	[tʰejapʰóg]

50. Refeições

comida (f)	կերակուր	[kerakúr]
comer (vt)	ուտել	[utél]

café (m) da manhã	նախաճաշ	[naχačáš]
tomar café da manhã	նախաճաշել	[naχačašél]
almoço (m)	ճաշ	[čaš]
almoçar (vi)	ճաշել	[čašél]
jantar (m)	ընթրիք	[ənthríkh]
jantar (vi)	ընթրել	[ənthrél]

| apetite (m) | ախորժակ | [aχorʒák] |
| Bom apetite! | Բարի ախորժա՛կ | [barí aχorʒák] |

abrir (~ uma lata, etc.)	բացել	[batshél]
derramar (~ líquido)	թափել	[thaphél]
derramar-se (vr)	թափվել	[thaphvél]

ferver (vi)	եռալ	[erál]
ferver (vt)	եռացնել	[eratshnél]
fervido (adj)	եռացրած	[eratshráts]
esfriar (vt)	սառեցնել	[saretshnél]
esfriar-se (vr)	սառեցվել	[saretshvél]

| sabor, gosto (m) | համ | [ham] |
| fim (m) de boca | կողմնակի համ | [koġmnakí ham] |

emagrecer (vi)	նիհարել	[niharél]
dieta (f)	սննդակարգ	[snndakárg]
vitamina (f)	վիտամին	[vitamín]
caloria (f)	կալորիա	[kalória]
vegetariano (m)	բուսակեր	[busakér]
vegetariano (adj)	բուսակերական	[busakerakán]

gorduras (f pl)	ճարպեր	[čarpér]
proteínas (f pl)	սպիտակուցներ	[spitakutshnér]
carboidratos (m pl)	ածխաջրեր	[atsχadʒrér]
fatia (~ de limão, etc.)	պատառ	[patár]
pedaço (~ de bolo)	կտոր	[ktor]
migalha (f), farelo (m)	փշուր	[phšur]

51. Pratos cozinhados

prato (m)	ճաշատեսակ	[čašatesák]
cozinha (~ portuguesa)	խոհանոց	[χohanótsh]
receita (f)	բաղադրատոմս	[baġadratóms]
porção (f)	բաժին	[baʒín]

| salada (f) | աղցան | [aġtshán] |
| sopa (f) | ապուր | [apúr] |

caldo (m)	մսաջուր	[msadʒúr]
sanduíche (m)	բրդուճ	[brduč]
ovos (m pl) fritos	ձվածեղ	[dzvatséġ]

hambúrguer (m)	համբուրգեր	[hamburgér]
bife (m)	բիֆշտեքս	[bifštékhs]
acompanhamento (m)	գարնիր	[garnír]

espaguete (m)	սպագետի	[spagétti]
purê (m) de batata	կարտոֆիլի պյուրե	[kartofilí pjuré]
pizza (f)	պիցցա	[pítsʰa]
mingau (m)	շիլա	[šilá]
omelete (f)	ձվածեղ	[dzvatséǵ]

fervido (adj)	եփած	[epʰáts]
defumado (adj)	ապխտած	[apχtáts]
frito (adj)	տապակած	[tapakáts]
seco (adj)	չորացրած	[čoratsʰráts]
congelado (adj)	սառեցված	[saretsʰváts]
em conserva (adj)	մարինացված	[marinatsʰváts]

doce (adj)	քաղցր	[kʰaǵtsʰr]
salgado (adj)	աղի	[aǵí]
frio (adj)	սառը	[sárə]
quente (adj)	տաք	[takʰ]
amargo (adj)	դառը	[dárə]
gostoso (adj)	համեղ	[haméǵ]

cozinhar em água fervente	եփել	[epʰél]
preparar (vt)	պատրաստել	[patrastél]
fritar (vt)	տապակել	[tapakél]
aquecer (vt)	տաքացնել	[takʰatsʰnél]

salgar (vt)	աղ անել	[aǵ anél]
apimentar (vt)	պղպեղ անել	[pǵpéǵ anél]
ralar (vt)	քերել	[kʰerél]
casca (f)	կլեպ	[klep]
descascar (vt)	կլպել	[klpel]

52. Comida

carne (f)	միս	[mis]
galinha (f)	հավ	[hav]
frango (m)	ճուտ	[čut]
pato (m)	բադ	[bad]
ganso (m)	սագ	[sag]
caça (f)	որսամիս	[vorsamís]
peru (m)	հնդկահավ	[hndkaháv]

carne (f) de porco	խոզի միս	[χozí mis]
carne (f) de vitela	հորթի միս	[hortʰí mís]
carne (f) de carneiro	ոչխարի միս	[vočχarí mis]
carne (f) de vaca	տավարի միս	[tavarí mis]
carne (f) de coelho	ճագար	[čagár]

linguiça (f), salsichão (m)	երշիկ	[eršík]
salsicha (f)	նրբերշիկ	[nrberšík]
bacon (m)	բեկոն	[bekón]
presunto (m)	խոզապուխտ	[χozapúχt]
pernil (m) de porco	ազդր	[azdr]
patê (m)	պաշտետ	[paštét]
fígado (m)	լյարդ	[ljard]

| guisado (m) | ապացած միս | [aġatsʰáts mis] |
| língua (f) | լեզու | [lezú] |

ovo (m)	ձու	[dzu]
ovos (m pl)	ձվեր	[dzver]
clara (f) de ovo	սպիտակուց	[spitakútsʰ]
gema (f) de ovo	դեղնուց	[deġnútsʰ]

peixe (m)	ձուկ	[dzuk]
mariscos (m pl)	ծովամթերքներ	[tsovamtʰerkʰnér]
caviar (m)	ձկնկիթ	[dzknkitʰ]

caranguejo (m)	ծովախեցգետին	[tsovaχetsʰgetín]
camarão (m)	մանր ծովախեցգետին	[mánr tsovaχetsʰgetín]
ostra (f)	ուստրե	[vostré]
lagosta (f)	լանգուստ	[langúst]
polvo (m)	ութոտնուկ	[utʰotnúk]
lula (f)	կաղամար	[kaġamár]

esturjão (m)	թառափ	[tʰarápʰ]
salmão (m)	սաղման	[saġmán]
halibute (m)	վահանաձուկ	[vahanadzúk]

bacalhau (m)	ձողաձուկ	[dzoġadzúk]
cavala, sarda (f)	թյունիկ	[tʰjuník]
atum (m)	թյունոս	[tʰjunnós]
enguia (f)	օձաձուկ	[odzadzúk]

truta (f)	իշխան	[išχán]
sardinha (f)	սարդինա	[sardína]
lúcio (m)	գայլաձուկ	[gajladzúk]
arenque (m)	ծովատառեխ	[tsovataréχ]

pão (m)	հաց	[hatsʰ]
queijo (m)	պանիր	[panír]
açúcar (m)	շաքար	[šakʰár]
sal (m)	աղ	[aġ]

arroz (m)	բրինձ	[brindz]
massas (f pl)	մակարոն	[makarón]
talharim, miojo (m)	լափշա	[lapʰšá]

manteiga (f)	սերուցքային կարագ	[serutsʰkʰajín karág]
óleo (m) vegetal	բուսական յուղ	[busakán júġ]
óleo (m) de girassol	արևածաղկի ձեթ	[arevatsaġkí dzetʰ]
margarina (f)	մարգարին	[margarín]

| azeitonas (f pl) | զեյթուն | [zeytún] |
| azeite (m) | ձիթապտղի ձեթ | [dzitʰaptġí dzetʰ] |

leite (m)	կաթ	[katʰ]
leite (m) condensado	խտացրած կաթ	[χtatsʰráts kátʰ]
iogurte (m)	յոգուրտ	[jogúrt]
creme (m) azedo	թթվասեր	[tʰtʰvasér]
creme (m) de leite	սերուցք	[serútsʰkʰ]
maionese (f)	մայոնեզ	[majonéz]

creme (m)	կրեմ	[krem]
grãos (m pl) de cereais	ձավար	[dzavár]
farinha (f)	ալյուր	[aljúr]
enlatados (m pl)	պահածոներ	[pahatsonér]

flocos (m pl) de milho	եգիպտացորենի փաթիլներ	[egiptatsʰorení pʰatʰilnér]
mel (m)	մեղր	[meġr]
geleia (m)	ջեմ	[dʒem]
chiclete (m)	մաստակ	[masták]

53. Bebidas

água (f)	ջուր	[dʒur]
água (f) potável	խմելու ջուր	[χmelú dʒur]
água (f) mineral	հանքային ջուր	[hankʰajín dʒúr]

sem gás (adj)	առանց գազի	[arántsʰ gazí]
gaseificada (adj)	գազավորված	[gazavorváts]
com gás	գազով	[gazóv]
gelo (m)	սառույց	[sarújtsʰ]
com gelo	սառույցով	[sarutsʰóv]

não alcoólico (adj)	ոչ ալկոհոլային	[voč alkoholajín]
refrigerante (m)	ոչ ալկոհոլային ըմպելիք	[voč alkoholajín əmpelíkʰ]
refresco (m)	զովացուցիչ ըմպելիք	[zovatsʰutsʰíč əmpelíkʰ]
limonada (f)	լիմոնադ	[limonád]

bebidas (f pl) alcoólicas	ալկոհոլային խմիչքներ	[alkoholajín χmičkʰnér]
vinho (m)	գինի	[giní]
vinho (m) branco	սպիտակ գինի	[spiták giní]
vinho (m) tinto	կարմիր գինի	[karmír giní]

licor (m)	լիկյոր	[likjor]
champanhe (m)	շամպայն	[šampájn]
vermute (m)	վերմուտ	[vérmut]

uísque (m)	վիսկի	[víski]
vodca (f)	օղի	[oġí]
gim (m)	ջին	[dʒin]
conhaque (m)	կոնյակ	[konják]
rum (m)	ռոմ	[rom]

café (m)	սուրճ	[surč]
café (m) preto	սև սուրճ	[sev surč]
café (m) com leite	կաթով սուրճ	[katʰóv súrč]
cappuccino (m)	սերուցքով սուրճ	[serutsʰkʰóv surč]
café (m) solúvel	լուծվող սուրճ	[lutsvóġ súrč]

leite (m)	կաթ	[katʰ]
coquetel (m)	կոկտեյլ	[koktéjl]
batida (f), milkshake (m)	կաթնային կոկտեյլ	[katʰnajín koktéjl]

| suco (m) | հյութ | [hjutʰ] |
| suco (m) de tomate | տոմատի հյութ | [tomatí hjútʰ] |

| suco (m) de laranja | նարնջի հյութ | [narndʒí hjutʰ] |
| suco (m) fresco | թարմ քամված հյութ | [tʰarm kʰamváts hjutʰ] |

cerveja (f)	գարեջուր	[garedʒúr]
cerveja (f) clara	բաց գարեջուր	[batsʰ garedʒúr]
cerveja (f) preta	մուգ գարեջուր	[múg garedʒúr]

chá (m)	թեյ	[tʰej]
chá (m) preto	սև թեյ	[sev tʰej]
chá (m) verde	կանաչ թեյ	[kanáč tʰej]

54. Vegetais

| vegetais (m pl) | բանջարեղեն | [bandʒaregén] |
| verdura (f) | կանաչի | [kanačí] |

tomate (m)	լոլիկ	[lolík]
pepino (m)	վարունգ	[varúng]
cenoura (f)	գազար	[gazár]
batata (f)	կարտոֆիլ	[kartofíl]
cebola (f)	սոխ	[soχ]
alho (m)	սխտոր	[sχtor]

couve (f)	կաղամբ	[kaǵámb]
couve-flor (f)	ծաղկակաղամբ	[tsaǵkakaǵámb]
couve-de-bruxelas (f)	բրյուսելյան կաղամբ	[brjuseljàn kaǵámb]
brócolis (m pl)	կաղամբ բրոկոլի	[kaǵámb brokóli]
beterraba (f)	բազուկ	[bazúk]
berinjela (f)	սմբուկ	[smbuk]
abobrinha (f)	դդմիկ	[ddmik]
abóbora (f)	դդում	[ddum]
nabo (m)	շաղգամ	[šaǵgám]

salsa (f)	մաղադանոս	[maǵadanós]
endro, aneto (m)	սամիթ	[samítʰ]
alface (f)	սալաթ	[salátʰ]
aipo (m)	նեխուր	[neχúr]
aspargo (m)	ծնեբեկ	[tsnebék]
espinafre (m)	սպինատ	[spinát]
ervilha (f)	սիսեռ	[sisér]
feijão (~ soja, etc.)	լոբի	[lobí]
milho (m)	եգիպտացորեն	[egiptatsʰorén]
feijão (m) roxo	լոբի	[lobí]

pimentão (m)	պղպեղ	[pǵpeǵ]
rabanete (m)	բողկ	[boǵk]
alcachofra (f)	արտիճուկ	[artičúk]

55. Frutos. Nozes

| fruta (f) | միրգ | [mirg] |
| maçã (f) | խնձոր | [χndzor] |

pera (f)	տանձ	[tandz]
limão (m)	կիտրոն	[kitrón]
laranja (f)	նարինջ	[naríndʒ]
morango (m)	ելակ	[elák]

tangerina (f)	մանդարին	[mandarín]
ameixa (f)	սալոր	[salór]
pêssego (m)	դեղձ	[deġdz]
damasco (m)	ծիրան	[tsirán]
framboesa (f)	մորի	[morí]
abacaxi (m)	արքայախնձոր	[arkʰajaχndzór]

banana (f)	բանան	[banán]
melancia (f)	ձմերուկ	[dzmerúk]
uva (f)	խաղող	[χaġóġ]
ginja (f)	բալ	[bal]
cereja (f)	կեռաս	[kerás]
melão (m)	սեխ	[seχ]

toranja (f)	գրեյպֆրուտ	[grejpfrút]
abacate (m)	ավոկադո	[avokádo]
mamão (m)	պապայա	[papája]
manga (f)	մանգո	[mángo]
romã (f)	նուռ	[nur]

groselha (f) vermelha	կարմիր հաղարջ	[karmír haġárdʒ]
groselha (f) negra	սև հաղարջ	[sév haġárdʒ]
groselha (f) espinhosa	հաղարջ	[haġárdʒ]
mirtilo (m)	հապալաս	[hapalás]
amora (f) silvestre	մոշ	[moš]

passa (f)	չամիչ	[čamíč]
figo (m)	թուզ	[tʰuz]
tâmara (f)	արմավ	[armáv]

amendoim (m)	գետնընկույզ	[getnənkújz]
amêndoa (f)	նուշ	[nuš]
noz (f)	ընկույզ	[ənkújz]
avelã (f)	պնդուկ	[pnduk]
coco (m)	կոկոսի ընկույզ	[kokósi ənkújz]
pistaches (m pl)	պիստակ	[pisták]

56. Pão. Bolaria

pastelaria (f)	հրուշակեղեն	[hrušakeġén]
pão (m)	հաց	[hatsʰ]
biscoito (m), bolacha (f)	թխվածքաբլիթ	[tʰχvatskʰablítʰ]

chocolate (m)	շոկոլադ	[šokolád]
de chocolate	շոկոլադե	[šokoladé]
bala (f)	կոնֆետ	[konfét]
doce (bolo pequeno)	հրուշակ	[hrušák]
bolo (m) de aniversário	տորթ	[tortʰ]
torta (f)	կարկանդակ	[karkandák]

recheio (m)	լցոն	[ltsʰon]
geleia (m)	մուրաբա	[murabá]
marmelada (f)	մարմելադ	[marmelád]
wafers (m pl)	վաֆլի	[vaflí]
sorvete (m)	պաղպաղակ	[paġpaġák]

57. Especiarias

sal (m)	աղ	[aġ]
salgado (adj)	աղի	[aġí]
salgar (vt)	աղ անել	[aġ anél]

pimenta-do-reino (f)	սև պղպեղ	[sev pġpéġ]
pimenta (f) vermelha	կարմիր պղպեղ	[karmír pġpéġ]
mostarda (f)	մանանեխ	[mananéχ]
raiz-forte (f)	ծովաբողկ	[tsovabóġk]

condimento (m)	համեմունք	[hamemúnkʰ]
especiaria (f)	համեմունք	[hamemúnkʰ]
molho (~ inglês)	սոուս	[soús]
vinagre (m)	քացախ	[kʰatsʰáχ]

anis estrelado (m)	անիսոն	[anisón]
manjericão (m)	ռեհան	[rehán]
cravo (m)	մեխակ	[meχák]
gengibre (m)	իմբիր	[imbír]
coentro (m)	գինձ	[gindz]
canela (f)	դարչին	[darčín]

gergelim (m)	քնջութ	[kʰndʒutʰ]
folha (f) de louro	դափնու տերև	[dapʰnú terév]
páprica (f)	պապրիկա	[páprika]
cominho (m)	չաման	[čamán]
açafrão (m)	զաֆրան	[šafrán]

INFORMAÇÃO PESSOAL. FAMÍLIA

58. Informação pessoal. Formulários

nome (m)	անուն	[anún]
sobrenome (m)	ազգանուն	[azganún]
data (f) de nascimento	ծննդյան ամսաթիվ	[tsnndján amsatʰív]
local (m) de nascimento	ծննդավայր	[tsnndavájr]
nacionalidade (f)	ազգություն	[azgutʰjún]
lugar (m) de residência	բնակության վայրը	[bnakutʰján vájrə]
país (m)	երկիր	[erkír]
profissão (f)	մասնագիտություն	[masnagitʰjún]
sexo (m)	սեռ	[ser]
estatura (f)	հասակ	[hasák]
peso (m)	քաշ	[kʰaš]

59. Membros da família. Parentes

mãe (f)	մայր	[majr]
pai (m)	հայր	[hajr]
filho (m)	որդի	[vordí]
filha (f)	դուստր	[dustr]
caçula (f)	կրտսեր դուստր	[krtsér dústr]
caçula (m)	կրտսեր որդի	[krtsér vordí]
filha (f) mais velha	ավագ դուստր	[avág dústr]
filho (m) mais velho	ավագ որդի	[avág vordí]
irmão (m)	եղբայր	[eġbájr]
irmã (f)	քույր	[kʰujr]
mamãe (f)	մայրիկ	[majrík]
papai (m)	հայրիկ	[hajrík]
pais (pl)	ծնողներ	[tsnoġnér]
criança (f)	երեխա	[ereχá]
crianças (f pl)	երեխաներ	[ereχanér]
avó (f)	տատիկ	[tatík]
avô (m)	պապիկ	[papík]
neto (m)	թոռ	[tʰor]
neta (f)	թոռնուհի	[tʰornuhí]
netos (pl)	թոռներ	[tʰornér]
sobrinho (m)	քրոջորդի, քրոջ աղջիկ	[kʰrodʒordí], [kʰrodʒ aġdʒík]
sobrinha (f)	եղբորորդի, եղբոր աղջիկ	[eġborordí, eġbór aġdʒík]
sogra (f)	զոքանչ	[zokʰánč]

sogro (m)	սկեսրայր	[skesrájr]
genro (m)	փեսա	[pʰesá]
madrasta (f)	խորթ մայր	[xortʰ majr]
padrasto (m)	խորթ հայր	[xortʰ hajr]

criança (f) de colo	ծծկեր երեխա	[tstskér ereχá]
bebê (m)	մանուկ	[manúk]
menino (m)	պստիկ	[pstik]

mulher (f)	կին	[kin]
marido (m)	ամուսին	[amusín]
esposo (m)	ամուսին	[amusín]
esposa (f)	կին	[kin]

casado (adj)	ամուսնացած	[amusnatsʰáts]
casada (adj)	ամուսնացած	[amusnatsʰáts]
solteiro (adj)	ամուրի	[amurí]
solteirão (m)	ամուրի	[amurí]
divorciado (adj)	ամուսնալուծված	[amusnalutsváts]
viúva (f)	այրի կին	[ajrí kin]
viúvo (m)	այրի տղամարդ	[ajrí tgamárd]

parente (m)	ազգական	[azgakán]
parente (m) próximo	մերձավոր ազգական	[merdzavór azgakán]
parente (m) distante	հեռավոր ազգական	[heravór azgakán]
parentes (m pl)	հարազատներ	[harazatnér]

órfão (m), órfã (f)	որբ	[vorb]
tutor (m)	խնամակալ	[χnamakál]
adotar (um filho)	որդեգրել	[vordegrél]
adotar (uma filha)	որդեգրել	[vordegrél]

60. Amigos. Colegas de trabalho

amigo (m)	ընկեր	[ənkér]
amiga (f)	ընկերուհի	[ənkeruhí]
amizade (f)	ընկերություն	[ənkerutʰjún]
ser amigos	ընկերություն անել	[ənkerutʰjún anél]

amigo (m)	բարեկամ	[barekám]
amiga (f)	բարեկամուհի	[barekamuhí]
parceiro (m)	գործընկեր	[gortsənkér]
chefe (m)	շեֆ	[šef]
superior (m)	պետ	[pet]
subordinado (m)	ենթակա	[entʰaká]
colega (m, f)	գործընկեր	[gortsənkér]

conhecido (m)	ծանոթ	[tsanótʰ]
companheiro (m) de viagem	ուղեկից	[uġekítsʰ]
colega (m) de classe	համադասարանցի	[hamadasarantsʰí]

vizinho (m)	հարևան	[harevἀn]
vizinha (f)	հարևանուհի	[harevanuhí]
vizinhos (pl)	հարևաններ	[harevannér]

CORPO HUMANO. MEDICINA

61. Cabeça

cabeça (f)	գլուխ	[gluχ]
rosto, cara (f)	երես	[erés]
nariz (m)	քիթ	[kʰitʰ]
boca (f)	բերան	[berán]
olho (m)	աչք	[ačkʰ]
olhos (m pl)	աչքեր	[ačkʰér]
pupila (f)	բիբ	[bib]
sobrancelha (f)	ունք	[unkʰ]
cílio (f)	թարթիչ	[tʰartʰíč]
pálpebra (f)	կոպ	[kap]
língua (f)	լեզու	[lezú]
dente (m)	ատամ	[atám]
lábios (m pl)	շրթունքներ	[šrtʰunkʰnér]
maçãs (f pl) do rosto	այտոսկրեր	[ajtoskrér]
gengiva (f)	լինդ	[lind]
palato (m)	քիմք	[kimkʰ]
narinas (f pl)	քթածակեր	[kʰtʰatsakér]
queixo (m)	կզակ	[kzak]
mandíbula (f)	ծնոտ	[tsnot]
bochecha (f)	այտ	[ajt]
testa (f)	ճակատ	[čakát]
têmpora (f)	քունրակ	[kʰnerák]
orelha (f)	ականջ	[akándʒ]
costas (f pl) da cabeça	ծոծրակ	[tsotsrák]
pescoço (m)	պարանոց	[paranótsʰ]
garganta (f)	կոկորդ	[kokórd]
cabelo (m)	մազեր	[mazér]
penteado (m)	սանրված	[sanrvátskʰ]
corte (m) de cabelo	սանրված	[sanrvátskʰ]
peruca (f)	կեղծամ	[keġtsám]
bigode (m)	բեղեր	[beġér]
barba (f)	մորուք	[morúkʰ]
ter (~ barba, etc.)	կրել	[krel]
trança (f)	հյուս	[hjus]
suíças (f pl)	այտամորուք	[ajtamorúkʰ]
ruivo (adj)	շիկահեր	[šikahér]
grisalho (adj)	ալեհեր	[alehér]
careca (adj)	ճաղատ	[čaġát]
calva (f)	ճաղատ	[čaġát]

rabo-de-cavalo (m)	պոչ	[poč]
franja (f)	մազափունջ	[mazapʰúndʒ]

62. Corpo humano

mão (f)	դաստակ	[dasták]
braço (m)	թև	[tʰev]

dedo (m)	մատ	[mat]
polegar (m)	բութ մատ	[butʰ mát]
dedo (m) mindinho	ճկույթ	[čkujtʰ]
unha (f)	եղունգ	[eġúng]

punho (m)	բռունցք	[bruntsʰkʰ]
palma (f)	ափ	[apʰ]
pulso (m)	դաստակ	[dasták]
antebraço (m)	նախաբազուկ	[naχabazúk]
cotovelo (m)	արմունկ	[armúnk]
ombro (m)	ուս	[us]

perna (f)	ոտք	[votkʰ]
pé (m)	ոտնաթաթ	[votnatʰátʰ]
joelho (m)	ծունկ	[tsunk]
panturrilha (f)	սրունք	[srunkʰ]
quadril (m)	ազդր	[azdr]
calcanhar (m)	կրունկ	[krunk]

corpo (m)	մարմին	[marmín]
barriga (f), ventre (m)	փոր	[pʰor]
peito (m)	կրծքավանդակ	[krtskʰavandák]
seio (m)	կուրծք	[kurtskʰ]
lado (m)	կող	[koġ]
costas (dorso)	մեջք	[medʒkʰ]
região (f) lombar	գոտկատեղ	[gotkatéġ]
cintura (f)	գոտկատեղ	[gotkatéġ]

umbigo (m)	պորտ	[port]
nádegas (f pl)	նստատեղ	[nstatéġ]
traseiro (m)	հետույք	[hetújkʰ]

sinal (m), pinta (f)	խալ	[χal]
tatuagem (f)	դաջվածք	[dadʒvátskʰ]
cicatriz (f)	սպի	[spi]

63. Doenças

doença (f)	հիվանդություն	[hivandutʰjún]
estar doente	հիվանդ լինել	[hivánd linél]
saúde (f)	առողջություն	[aroġdʒutʰjún]

nariz (m) escorrendo	հարբուխ	[harbúχ]
amigdalite (f)	անգինա	[angína]

resfriado (m)	մրսածություն	[mrsatsutʰjún]
ficar resfriado	մրսել	[mrsel]

bronquite (f)	բրոնխիտ	[bronχít]
pneumonia (f)	թոքերի բորբոքում	[tʰokʰerí borbokʰúm]
gripe (f)	գրիպ	[grip]

míope (adj)	կարճատես	[karčatés]
presbita (adj)	հեռատես	[herahós]
estrabismo (m)	շլություն	[šlutʰjún]
estrábico, vesgo (adj)	շլաչք	[šlačkʰ]
catarata (f)	կատարակտա	[katarákta]
glaucoma (m)	գլաուկոմա	[glaukóma]

AVC (m), apoplexia (f)	ուղեղի կաթված	[uģeģí katʰváts]
ataque (m) cardíaco	ինֆարկտ	[infárkt]
enfarte (m) do miocárdio	սրտամկանի կաթված	[srtamkaní katʰváts]
paralisia (f)	կաթված	[katʰváts]
paralisar (vt)	կաթվածել	[katʰvatsél]

alergia (f)	ալերգիա	[alergía]
asma (f)	աստմա	[astʰmá]
diabetes (f)	շաքարախտ	[šakʰaráχt]

dor (f) de dente	ատամնացավ	[atamnatsʰáv]
cárie (f)	կարիես	[karíes]

diarreia (f)	լույծ	[lujts]
prisão (f) de ventre	փորկապություն	[pʰorkaputʰjún]
desarranjo (m) intestinal	ստամոքսի խանգարում	[stamokʰsí χangarúm]
intoxicação (f) alimentar	թունավորում	[tʰunavorúm]
intoxicar-se	թունավորվել	[tʰunavorvél]

artrite (f)	հոդի բորբոքում	[hodí borbokʰúm]
raquitismo (m)	ռախիտ	[raχít]
reumatismo (m)	հոդացավ	[hodatsʰáv]
arteriosclerose (f)	աթերոսկլերոզ	[atʰeroskleróz]

gastrite (f)	գաստրիտ	[gastrít]
apendicite (f)	ապենդիցիտ	[apenditsʰít]
colecistite (f)	խոլեցիստիտ	[χoletsʰistít]
úlcera (f)	խոց	[χotsʰ]

sarampo (m)	կարմրուկ	[karmrúk]
rubéola (f)	կարմրախտ	[karmráχt]
icterícia (f)	դեղնախ	[deģnáχ]
hepatite (f)	հեպատիտ	[hepatít]

esquizofrenia (f)	շիզոֆրենիա	[šizofrenía]
raiva (f)	կատաղություն	[kataģutʰjún]
neurose (f)	նևրոզ	[nevróz]
contusão (f) cerebral	ուղեղի ցնցում	[uģeģí tsʰntsʰúm]

câncer (m)	քաղցկեղ	[kʰaģtskéģ]
esclerose (f)	կարծրախտ	[kartsráχt]
esclerose (f) múltipla	ցրված կարծրախտ	[tsʰrváts kartsráχt]

alcoolismo (m)	հարբեցողություն	[harbetsʰoġutʰjún]
alcoólico (m)	հարբեցող	[harbetsʰóġ]
sífilis (f)	սիֆիլիս	[sifilís]
AIDS (f)	ՁԻԱՀ	[dziáh]

tumor (m)	ուռուցք	[urútsʰkʰ]
maligno (adj)	չարորակ	[čarorák]
benigno (adj)	բարորակ	[barorák]

febre (f)	տենդ	[tend]
malária (f)	մալարիա	[malaría]
gangrena (f)	փտախտ	[pʰtaχt]
enjoo (m)	ծովային հիվանդություն	[tsovajín hivandutʰjún]
epilepsia (f)	ընկնավորություն	[ənknavorutʰjún]

epidemia (f)	համաճարակ	[hamačarák]
tifo (m)	տիֆ	[tif]
tuberculose (f)	պալարախտ	[palaráχt]
cólera (f)	խոլերա	[χoléra]
peste (f) bubônica	ժանտախտ	[ʒantáχt]

64. Sintomas. Tratamentos. Parte 1

sintoma (m)	նախանշան	[naχanšán]
temperatura (f)	ջերմաստիճան	[dʒermastičán]
febre (f)	բարձր ջերմաստիճան	[bárdzr dʒermastičán]
pulso (m)	զարկերակ	[zarkerák]

vertigem (f)	գլխապտույտ	[glχaptújt]
quente (testa, etc.)	տաք	[takʰ]
calafrio (m)	դողէրոցք	[doġērótsʰkʰ]
pálido (adj)	գունատ	[gunát]

tosse (f)	հազ	[haz]
tossir (vi)	հազալ	[hazál]
espirrar (vi)	փռշտալ	[pʰrštal]
desmaio (m)	ուշագնացություն	[ušagnatsʰutʰjún]
desmaiar (vi)	ուշագնաց լինել	[ušagnátsʰ linél]

mancha (f) preta	կապտուկ	[kaptúk]
galo (m)	ուռուցք	[urútsʰkʰ]
machucar-se (vr)	խփվել	[χpʰvel]
contusão (f)	վնասվածք	[vnasvátskʰ]
machucar-se (vr)	վնասվածք ստանալ	[vnasvátskʰ stanál]

mancar (vi)	կաղալ	[kaġál]
deslocamento (f)	հոդախախտում	[hodaχaχtúm]
deslocar (vt)	հոդախախտել	[hodaχaχtél]
fratura (f)	կոտրվածք	[kotrvátskʰ]
fraturar (vt)	կոտրվածք ստանալ	[kotrvátskʰ stanál]

corte (m)	կտրված վերք	[ktrvats verkʰ]
cortar-se (vr)	կտրել	[ktrel]
hemorragia (f)	արյունահոսություն	[arjunahosutʰjún]

| queimadura (f) | այրվածք | [ajrvátskʰ] |
| queimar-se (vr) | այրվել | [ajrvél] |

picar (vt)	ծակել	[tsakél]
picar-se (vr)	ծակել	[tsakél]
lesionar (vt)	վնասել	[vnasél]
lesão (m)	վնասվածք	[vnasvátskʰ]
ferida (f), ferimento (m)	վերք	[verkʰ]
trauma (m)	վնասվածք	[vnasvátskʰ]

delirar (vi)	զառանցել	[zarantsʰél]
gaguejar (vi)	կակազել	[kakazél]
insolação (f)	արևահարություն	[arevaharutʰjún]

65. Sintomas. Tratamentos. Parte 2

| dor (f) | ցավ | [tsʰav] |
| farpa (no dedo, etc.) | փուշ | [pʰuš] |

suor (m)	քրտինք	[krtinkʰ]
suar (vi)	քրտնել	[kʰrtnel]
vômito (m)	փսխում	[pʰsχum]
convulsões (f pl)	ջղաձգություն	[dʒġadzgutʰjún]

grávida (adj)	հղի	[hġi]
nascer (vi)	ծնվել	[tsnvel]
parto (m)	ծննդաբերություն	[tsnndaberutʰjún]
dar à luz	ծննդաբերել	[tsnndaberél]
aborto (m)	աբորտ	[abórt]

respiração (f)	շնչառություն	[šnčarutʰjún]
inspiração (f)	ներշնչում	[neršnčúm]
expiração (f)	արտաշնչում	[artašnčúm]
expirar (vi)	արտաշնչել	[artašnčél]
inspirar (vi)	շնչել	[šnčel]

inválido (m)	հաշմանդամ	[hašmandám]
aleijado (m)	խեղանդամ	[χeġandám]
drogado (m)	թմրամոլ	[tʰmramól]

surdo (adj)	խուլ	[χul]
mudo (adj)	համր	[hamr]
surdo-mudo (adj)	խուլ ու համր	[χúl u hámr]

| louco, insano (adj) | խենթ | [χentʰ] |
| ficar louco | խենթանալ | [χentʰanál] |

gene (m)	գեն	[gen]
imunidade (f)	իմունիտետ	[imunitét]
hereditário (adj)	ժառանգական	[ʒarangakán]
congênito (adj)	բնածին	[bnatsín]

| vírus (m) | վարակ | [varák] |
| micróbio (m) | մանրէ | [manré] |

| bactéria (f) | բակտերիա | [baktéria] |
| infecção (f) | վարակ | [varák] |

66. Sintomas. Tratamentos. Parte 3

| hospital (m) | հիվանդանոց | [hivandanótsʰ] |
| paciente (m) | հիվանդ | [hivánd] |

diagnóstico (m)	ախտորոշում	[aġtorošúm]
cura (f)	կազդուրում	[kazdurúm]
tratamento (m) médico	բուժում	[buʒúm]
curar-se (vr)	բուժվել	[buʒvél]
tratar (vt)	բուժել	[buʒél]
cuidar (pessoa)	խնամել	[χnamél]
cuidado (m)	խնամք	[χnamkʰ]

operação (f)	վիրահատություն	[virahatutʰjún]
enfaixar (vt)	վիրակապել	[virakapél]
enfaixamento (m)	վիրակապում	[virakapúm]

vacinação (f)	պատվաստում	[patvastúm]
vacinar (vt)	պատվաստում անել	[patvastúm anél]
injeção (f)	ներարկում	[nerarkúm]
dar uma injeção	ներարկել	[nerarkél]

ataque (~ de asma, etc.)	նոպա	[nópa]
amputação (f)	անդամահատություն	[andamahatutʰjún]
amputar (vt)	անդամահատել	[andamahatél]
coma (f)	կոմա	[kóma]
estar em coma	կոմայի մեջ գտնվել	[komají méʤ ənknél]
reanimação (f)	վերակենդանացում	[verakendanatsʰúm]

recuperar-se (vr)	ապաքինվել	[apakʰinvél]
estado (~ de saúde)	վիճակ	[vičák]
consciência (perder a ~)	գիտակցություն	[gitaktsʰutʰjún]
memória (f)	հիշողություն	[hišoġutʰjún]

tirar (vt)	հեռացնել	[heratsʰnél]
obturação (f)	պլոմբ	[plomb]
obturar (vt)	ատամը լցնել	[atáme ltsʰnél]

| hipnose (f) | հիպնոս | [hipnós] |
| hipnotizar (vt) | հիպնոսացնել | [hipnosatsʰnél] |

67. Medicina. Drogas. Acessórios

medicamento (m)	դեղ	[deġ]
remédio (m)	դեղամիջոց	[deġamiʤótsʰ]
receitar (vt)	դուրս գրել	[durs grél]
receita (f)	դեղատոմս	[deġatóms]
comprimido (m)	հաբ	[hab]
unguento (m)	քսուք	[ksukʰ]

ampola (f)	ամպուլ	[ampúl]
solução, preparado (m)	հեղուկ դեղախառնուրդ	[heǵúk deχaǵarnúrd]
xarope (m)	օշարակ	[ošarák]
cápsula (f)	հաբ	[hab]
pó (m)	փոշի	[pʰoší]

atadura (f)	վիրակապ ժապավեն	[virakáp ʒapavén]
algodão (m)	բամբակ	[bambák]
iodo (m)	յոդ	[jod]

curativo (m) adesivo	սպեղանի	[speǵaní]
conta-gotas (m)	պիպետկա	[pipétka]
termômetro (m)	ջերմաչափ	[dʒermačápʰ]
seringa (f)	ներարկիչ	[nerarkíč]

cadeira (f) de rodas	սայլակ	[sajlák]
muletas (f pl)	հենակներ	[henaknér]

analgésico (m)	ցավազրկող	[tsʰavazrkóǵ]
laxante (m)	լուծողական	[luțsoǵakán]
álcool (m)	սպիրտ	[spirt]
ervas (f pl) medicinais	խոտաբույս	[χotabújs]
de ervas (chá ~)	խոտաբուսային	[χotabusajín]

APARTAMENTO

68. Apartamento

apartamento (m)	բնակարան	[bnakarán]
quarto, cômodo (m)	սենյակ	[senják]
quarto (m) de dormir	ննջարան	[nndʒarán]
sala (f) de jantar	ճաշասենյակ	[čašasenják]
sala (f) de estar	հյուրասենյակ	[hjurasenják]
escritório (m)	աշխատասենյակ	[ašχatasenják]

sala (f) de entrada	նախասենյակ	[naχasenják]
banheiro (m)	լոգարան	[logarán]
lavabo (m)	զուգարան	[zugarán]

teto (m)	առաստաղ	[arastáġ]
chão, piso (m)	հատակ	[haták]
canto (m)	անկյուն	[ankjún]

69. Mobiliário. Interior

mobiliário (m)	կահույք	[kahújkʰ]
mesa (f)	սեղան	[seġán]
cadeira (f)	աթոռ	[atʰór]
cama (f)	մահճակալ	[mahčakál]
sofá, divã (m)	բազմոց	[bazmótsʰ]
poltrona (f)	բազկաթոռ	[bazkatʰór]

estante (f)	գրապահարան	[grapaharán]
prateleira (f)	դարակ	[darák]

guarda-roupas (m)	պահարան	[paharán]
cabide (m) de parede	կախարան	[kaχarán]
cabideiro (m) de pé	կախիչ	[kaχótsʰ]

cômoda (f)	կոմոդ	[komód]
mesinha (f) de centro	սեղանիկ	[seġaník]

espelho (m)	հայելի	[hajelí]
tapete (m)	գորգ	[gorg]
tapete (m) pequeno	փոքր գորգ	[pʰokʰr gorg]

lareira (f)	բուխարի	[buχarí]
vela (f)	մոմ	[mom]
castiçal (m)	մոմակալ	[momakál]

cortinas (f pl)	վարագույր	[varagújr]
papel (m) de parede	պաստառ	[pastár]

persianas (f pl)	շերտավարագույր	[šertavaragújr]
luminária (f) de mesa	սեղանի լամպ	[seǵaní lámp]
luminária (f) de parede	ջահ	[dʒah]
abajur (m) de pé	ձողաջահ	[dzoǵadʒáh]
lustre (m)	ջահ	[dʒah]

pé (de mesa, etc.)	տոտիկ	[totík]
braço, descanso (m)	արմնկակալ	[armnkakál]
costas (f pl)	թիկնակ	[tʰiknák]
gaveta (f)	դարակ	[darák]

70. Quarto de dormir

roupa (f) de cama	սպիտակեղեն	[spitakeǵén]
travesseiro (m)	բարձ	[bardz]
fronha (f)	բարձի երես	[bardzí erés]
cobertor (m)	վերմակ	[vermák]
lençol (m)	սավան	[saván]
colcha (f)	ծածկոց	[tsatskótsʰ]

71. Cozinha

cozinha (f)	խոհանոց	[χohanótsʰ]
gás (m)	գազ	[gaz]
fogão (m) a gás	գազօջախ	[gazodʒáχ]
fogão (m) elétrico	էլեկտրական սալօջախ	[ēlektrakán salodʒáχ]
forno (m)	ջեռոց	[dʒerótsʰ]
forno (m) de micro-ondas	միկրոալիքային վառարան	[mikroalikʰajín vararán]

geladeira (f)	սառնարան	[sarnarán]
congelador (m)	սառնախցիկ	[sarnaχtsʰík]
máquina (f) de lavar louça	աման լվացող մեքենա	[amán lvatsʰóǵ mekʰená]

moedor (m) de carne	մսաղաց	[msaǵátsʰ]
espremedor (m)	հյութաքամիչ	[hjutʰakʰamíč]
torradeira (f)	տոստեր	[tostér]
batedeira (f)	հարիչ	[haríč]

máquina (f) de café	սրճեփ	[srčepʰ]
cafeteira (f)	սրճաման	[srčamán]
moedor (m) de café	սրճաղաց	[srčaǵátsʰ]

chaleira (f)	թեյնիկ	[tʰejník]
bule (m)	թեյաման	[tʰejamán]
tampa (f)	կափարիչ	[kapʰaríč]
coador (m) de chá	թեյքամիչ	[tʰejkʰamíč]

colher (f)	գդալ	[gdal]
colher (f) de chá	թեյի գդալ	[tʰeji gdal]
colher (f) de sopa	ճաշի գդալ	[čaši gdal]
garfo (m)	պատառաքաղ	[patarakʰáǵ]
faca (f)	դանակ	[danák]

louça (f)	uպատք	[spaskʰ]
prato (m)	ափսե	[apʰsé]
pires (m)	պնակ	[pnak]

cálice (m)	դմպանակ	[əmpanák]
copo (m)	բաժակ	[baʒák]
xícara (f)	բաժակ	[baʒák]

açucareiro (m)	շաքարաման	[šakʰaramán]
saleiro (m)	աղաման	[aġamán]
pimenteiro (m)	պղպեղաման	[pġpeġamán]
manteigueira (f)	կարագի աման	[karagí amán]

panela (f)	կաթսա	[katʰsá]
frigideira (f)	թավա	[tʰavá]
concha (f)	շերեփ	[šerépʰ]
coador (m)	քամիչ	[kʰamíč]
bandeja (f)	սկուտեղ	[skutéġ]

garrafa (f)	շիշ	[šiš]
pote (m) de vidro	բանկա	[banká]
lata (~ de cerveja)	տարա	[tará]

abridor (m) de garrafa	բացիչ	[batsʰíč]
abridor (m) de latas	բացիչ	[batsʰíč]
saca-rolhas (m)	խցանահան	[xtsʰanahán]
filtro (m)	զտիչ	[ztič]
filtrar (vt)	զտել	[ztel]

| lixo (m) | աղբ | [aġb] |
| lixeira (f) | աղբի դույլ | [aġbi dújl] |

72. Casa de banho

banheiro (m)	լոգարան	[logarán]
água (f)	ջուր	[dʒur]
torneira (f)	ծորակ	[tsorák]
água (f) quente	տաք ջուր	[takʰ dʒur]
água (f) fria	սառը ջուր	[sárə dʒur]

| pasta (f) de dente | ատամի մածուկ | [atamí matsúk] |
| escovar os dentes | ատամները մաքրել | [atamnérə makʰrél] |

barbear-se (vr)	սափրվել	[sapʰrvél]
espuma (f) de barbear	սափրվելու փրփուր	[sapʰrvelú prpur]
gilete (f)	ածելի	[atselí]

lavar (vt)	լվանալ	[lvanál]
tomar banho	լվացվել	[lvatsʰvél]
chuveiro (m), ducha (f)	ցնցուղ	[tsʰntsʰúġ]
tomar uma ducha	դուշ ընդունել	[dúš əndunél]

| banheira (f) | լողարան | [loġarán] |
| vaso (m) sanitário | զուգարանակոնք | [zugaranakónkʰ] |

pia (f)	լվացարան	[lvatsʰarán]
sabonete (m)	օճառ	[očár]
saboneteira (f)	օճառաման	[očaramán]

esponja (f)	սպունգ	[spung]
xampu (m)	շամպուն	[šampún]
toalha (f)	սրբիչ	[srbič]
roupão (m) de banho	խալաթ	[χalátʰ]

lavagem (f)	լվացք	[lvatsʰkʰ]
lavadora (f) de roupas	լվացքի մեքենա	[lvatsʰkʰí mekená]
lavar a roupa	սպիտակեղեն լվալ	[spitakeǧén lvál]
detergente (m)	լվացքի փոշի	[lvatsʰkʰí pʰoší]

73. Eletrodomésticos

televisor (m)	հեռուստացույց	[herustatsʰújtsʰ]
gravador (m)	մագնիտոֆոն	[magnitofón]
videogravador (m)	տեսամագնիտոֆոն	[tesamagnitofón]
rádio (m)	ընդունիչ	[ənduníč]
leitor (m)	նվագարկիչ	[nvagarkíč]

projetor (m)	տեսապրոյեկտոր	[tesaproektór]
cinema (m) em casa	տնային կինոթատրոն	[tʰnajín kinotʰatrón]
DVD Player (m)	DVD նվագարկիչ	[dividí nvagarkíč]
amplificador (m)	ուժեղացուցիչ	[uʒeǧatsʰutsʰíč]
console (f) de jogos	խաղային համակարգիչ	[χaǧajín hamakargíč]

câmera (f) de vídeo	տեսախցիկ	[tesaχtsʰík]
máquina (f) fotográfica	լուսանկարչական ապարատ	[lusankarčakán aparát]
câmera (f) digital	թվային լուսանկարչական ապարատ	[tʰvajín lusankarčakán aparát]

aspirador (m)	փոշեկուլ	[pʰošekúl]
ferro (m) de passar	արդուկ	[ardúk]
tábua (f) de passar	արդուկի տախտակ	[ardukí taχták]

telefone (m)	հեռախոս	[heraχós]
celular (m)	բջջային հեռախոս	[bdʒdʒajín heraχós]
máquina (f) de escrever	տպող մեքենա	[tpóǧ mekʰená]
máquina (f) de costura	կարի մեքենա	[kʰarí mekʰená]

microfone (m)	միկրոֆոն	[mikrofón]
fone (m) de ouvido	ականջակալեր	[akandʒakalnér]
controle remoto (m)	հեռակառավարման վահանակ	[herakaravarmán vahanák]

CD (m)	խտասկավառակ	[χtaskavarák]
fita (f) cassete	ձայներիզ	[dzajneríz]
disco (m) de vinil	սկավառակ	[skavarák]

A TERRA. TEMPO

74. Espaço sideral

espaço, cosmo (m)	տիեզերք	[tiezérkʰ]
espacial, cósmico (adj)	տիեզերական	[tiezerakán]
espaço (m) cósmico	տիեզերական տարածություն	[tiezerakán taratsutʰjún]

mundo (m)	աշխարհ	[ašχárh]
universo (m)	տիեզերք	[tiezérkʰ]
galáxia (f)	գալակտիկա	[galáktika]

estrela (f)	աստղ	[astǵ]
constelação (f)	համաստեղություն	[hamasteǵutʰjún]
planeta (m)	մոլորակ	[molorák]
satélite (m)	արբանյակ	[arbanják]

meteorito (m)	երկնաքար	[erknakʰár]
cometa (m)	գիսաստղ	[gisástǵ]
asteroide (m)	աստղակերպ	[astǵakérp]

órbita (f)	ուղեծիր	[uǵetsír]
girar (vi)	պտտվել	[ptɐtvél]
atmosfera (f)	մթնոլորտ	[mtʰnolórt]

Sol (m)	արեգակ	[aregák]
Sistema (m) Solar	արեգակնային համակարգ	[aregaknajín hamakárg]
eclipse (m) solar	արևի խավարում	[areví χavarúm]

Terra (f)	Երկիր	[erkír]
Lua (f)	Լուսին	[lusín]

Marte (m)	Մարս	[mars]
Vênus (f)	Վեներա	[venéra]
Júpiter (m)	Յուպիտեր	[jupíter]
Saturno (m)	Սատուրն	[satúrn]

Mercúrio (m)	Մերկուրի	[merkúri]
Urano (m)	Ուրան	[urán]
Netuno (m)	Նեպտուն	[neptún]
Plutão (m)	Պլուտոն	[plutón]

Via Láctea (f)	Կաթնածիր	[katʰnatsír]
Ursa Maior (f)	Մեծ Արջ	[mets ardʒ]
Estrela Polar (f)	Բևեռային Աստղ	[beverajín ástǵ]

marciano (m)	Մարսի բնակիչ	[marsí bnakíč]
extraterrestre (m)	այլմոլորակային	[ajlmolorakajín]
alienígena (m)	եկվոր	[ekvór]

disco (m) voador	թռչող ափսե	[tʰrčóġ apʰsé]
espaçonave (f)	տիեզերանավ	[tiezeragnáts]
estação (f) orbital	ուղեծրային կայան	[uġetsrajín kaján]
lançamento (m)	մեկնարթիչք	[meknatʰríčkʰ]

motor (m)	շարժիչ	[šarʒíč]
bocal (m)	փողելք	[pʰoġélkʰ]
combustível (m)	վառելիք	[varelíkʰ]

cabine (f)	խցիկ	[χtsʰik]
antena (f)	ալեհավաք	[alehavákʰ]

vigia (f)	իլյումինատոր	[iljuminátor]
bateria (f) solar	արևային մարտկոց	[arevajín martkótsʰ]
traje (m) espacial	սկաֆանդր	[skafándr]

imponderabilidade (f)	անկշռություն	[ankšrutʰjún]
oxigênio (m)	թթվածին	[tʰtʰvatsín]

acoplagem (f)	միակցում	[miaktsʰúm]
fazer uma acoplagem	միակցում կատարել	[miaktsʰúm katarél]

observatório (m)	աստղադիտարան	[astġaditarán]
telescópio (m)	աստղադիտակ	[astġaditák]

observar (vt)	հետևել	[hetevél]
explorar (vt)	հետազոտել	[hetazotél]

75. A Terra

Terra (f)	Երկիր	[erkír]
globo terrestre (Terra)	երկրագունդ	[erkragúnd]
planeta (m)	մոլորակ	[molorák]

atmosfera (f)	մթնոլորտ	[mtʰnolórt]
geografia (f)	աշխարհագրություն	[ašχarhagrutʰjún]
natureza (f)	բնություն	[bnutʰjún]

globo (mapa esférico)	գլոբուս	[globús]
mapa (m)	քարտեզ	[kʰartéz]
atlas (m)	ատլաս	[atlás]

Europa (f)	Եվրոպա	[evrópa]
Ásia (f)	Ասիա	[ásia]

África (f)	Աֆրիկա	[áfrika]
Austrália (f)	Ավստրալիա	[avstrália]

América (f)	Ամերիկա	[amérika]
América (f) do Norte	Հյուսիսային Ամերիկա	[hjusisajín amérika]
América (f) do Sul	Հարավային Ամերիկա	[haravajín amérika]

Antártida (f)	Անտարկտիդա	[antarktída]
Ártico (m)	Արկտիկա	[árktika]

76. Pontos cardeais

norte (m)	հյուսիս	[hjusís]
para norte	դեպի հյուսիս	[depí hjusís]
no norte	հյուսիսում	[hjusisúm]
do norte (adj)	հյուսիսային	[hjusisajín]

sul (m)	հարավ	[haráv]
para sul	դեպի հարավ	[depí haráv]
no sul	հարավում	[haravúm]
do sul (adj)	հարավային	[haravajín]

oeste, ocidente (m)	արևմուտք	[arevmútkʰ]
para oeste	դեպի արևմուտք	[depí arevmútkʰ]
no oeste	արևմուտքում	[arevmutkʰúm]
ocidental (adj)	արևմտյան	[arevmtján]

leste, oriente (m)	արևելք	[arevélkʰ]
para leste	դեպի արևելք	[depí arevélkʰ]
no leste	արևելքում	[arevelkʰúm]
oriental (adj)	արևելյան	[areveljàn]

77. Mar. Oceano

mar (m)	ծով	[tsov]
oceano (m)	օվկիանոս	[ovkianós]
golfo (m)	ծոց	[tsotsʰ]
estreito (m)	նեղուց	[neǧútsʰ]

terra (f) firme	ցամաք	[tsʰamákʰ]
continente (m)	մայրցամաք	[majrtsʰamákʰ]
ilha (f)	կղզի	[kǧzi]
península (f)	թերակղզի	[tʰerakǧzí]
arquipélago (m)	արշիպելագ	[aršipelág]

baía (f)	ծովախորշ	[tsovaχórš]
porto (m)	նավահանգիստ	[navahangíst]
lagoa (f)	ծովալճակ	[tsovalčák]
cabo (m)	հրվանդան	[hrvandán]

atol (m)	ատոլ	[atól]
recife (m)	խութ	[χutʰ]
coral (m)	մարջան	[mardʒán]
recife (m) de coral	մարջանախութ	[mardʒanaχútʰ]

profundo (adj)	խորը	[χórə]
profundidade (f)	խորություն	[χorutʰjún]
abismo (m)	անդունդ	[andúnd]
fossa (f) oceânica	ծովախորշ	[tsovaχórš]

corrente (f)	հոսանք	[hosánkʰ]
banhar (vt)	ողողել	[voǧoǧél]
litoral (m)	ափ	[apʰ]

costa (f)	ծովափ	[tsovápʰ]
maré (f) alta	մակընթացություն	[makəntʰatsʰutʰjún]
refluxo (m)	տեղատվություն	[teġatvutʰjún]
restinga (f)	առափնյա ծանծաղուտ	[arapʰnjá tsantsaġút]
fundo (m)	հատակ	[haták]

onda (f)	ալիք	[alíkʰ]
crista (f) da onda	ալիքի կատար	[alikʰí katár]
espuma (f)	փրփուր	[pʰrpʰur]

tempestade (f)	փոթորիկ	[pʰotʰorík]
furacão (m)	մրրիկ	[mrrik]
tsunami (m)	ցունամի	[tsʰunámi]
calmaria (f)	խաղաղություն	[χaġaġutʰjún]
calmo (adj)	հանգիստ	[hangíst]

| polo (m) | բևեռ | [bevér] |
| polar (adj) | բևեռային | [beverajín] |

latitude (f)	լայնություն	[lajnutʰjún]
longitude (f)	երկարություն	[erkarutʰjún]
paralela (f)	զուգահեռական	[zugaherakán]
equador (m)	հասարակած	[hasarakáts]

céu (m)	երկինք	[erkínkʰ]
horizonte (m)	հորիզոն	[horizón]
ar (m)	օդ	[od]

farol (m)	փարոս	[pʰarós]
mergulhar (vi)	սուզվել	[suzvél]
afundar-se (vr)	խորտակվել	[χortakvél]
tesouros (m pl)	գանձեր	[gandzér]

78. Nomes de Mares e Oceanos

Oceano (m) Atlântico	Ատլանտյան օվկիանոս	[atlantján ovkianós]
Oceano (m) Índico	Հնդկական օվկիանոս	[hndkakán ovkianós]
Oceano (m) Pacífico	Խաղաղ օվկիանոս	[χaġáġ ovkianós]
Oceano (m) Ártico	Հյուսիսային Սառուցյալ օվկիանոս	[hjusisajín sarutsʰjál ovkianós]

Mar (m) Negro	Սև ծով	[sev tsov]
Mar (m) Vermelho	Կարմիր ծով	[karmír tsóv]
Mar (m) Amarelo	Դեղին ծով	[deġín tsov]
Mar (m) Branco	Սպիտակ ծով	[spiták tsóv]

Mar (m) Cáspio	Կասպից ծով	[kaspítsʰ tsov]
Mar (m) Morto	Մեռյալ ծով	[merjál tsov]
Mar (m) Mediterrâneo	Միջերկրական ծով	[midʒerkrakán tsov]

Mar (m) Egeu	Էգեյան ծով	[ēgeján tsov]
Mar (m) Adriático	Ադրիատիկ ծով	[adriatík tsov]
Mar (m) Arábico	Արաբական ծով	[arabakán tsov]
Mar (m) do Japão	Ճապոնական ծով	[čaponakán tsov]

Mar (m) de Bering	Բերինգի ծով	[beringí tsóv]
Mar (m) da China Meridional	Արևելա-Չինական ծով	[arevelá činakán tsov]
Mar (m) de Coral	Կորալյան ծով	[koralján tsov]
Mar (m) de Tasman	Տասմանյան ծով	[tasmanján tsov]
Mar (m) do Caribe	Կարիբյան ծով	[karibján tsóv]
Mar (m) de Barents	Բարենցյան ծով	[barentsʰján tsóv]
Mar (m) de Kara	Կարսի ծով	[karsí tsóv]
Mar (m) do Norte	Հյուսիսային ծով	[hjusisajín tsóv]
Mar (m) Báltico	Բալթիկ ծով	[baltʰík tsov]
Mar (m) da Noruega	Նորվեգյան ծով	[norvegján tsóv]

79. Montanhas

montanha (f)	լեռ	[ler]
cordilheira (f)	լեռնաշղթա	[lernašǵtʰá]
serra (f)	լեռնագագաթ	[lernagagátʰ]
cume (m)	գագաթ	[gagátʰ]
pico (m)	լեռնագագաթ	[lernagagátʰ]
pé (m)	ստորոտ	[storót]
declive (m)	սարալանջ	[saralándʒ]
vulcão (m)	հրաբուխ	[hrabúx]
vulcão (m) ativo	գործող հրաբուխ	[gortsóǵ hrabúx]
vulcão (m) extinto	հանգած հրաբուխ	[hangáts hrabúx]
erupção (f)	ժայթքում	[ʒajtʰkʰúm]
cratera (f)	խառնարան	[xarnarán]
magma (m)	մագմա	[mágma]
lava (f)	լավա	[láva]
fundido (lava ~a)	շիկացած	[šikatsʰáts]
cânion, desfiladeiro (m)	խնձահովիտ	[xndzahovít]
garganta (f)	կիրճ	[kirč]
fenda (f)	նեղ կիրճ	[neǵ kirč]
passo, colo (m)	լեռնանցք	[lernántsʰkʰ]
planalto (m)	սարահարթ	[sarahártʰ]
falésia (f)	ժայռ	[ʒajr]
colina (f)	բլուր	[blur]
geleira (f)	սառցադաշտ	[sartsʰadášt]
cachoeira (f)	ջրվեժ	[dʒrveʒ]
gêiser (m)	գեյզեր	[géjzer]
lago (m)	լիճ	[lič]
planície (f)	հարթավայր	[hartʰavájr]
paisagem (f)	բնատեսարան	[bnatesarán]
eco (m)	արձագանք	[ardzagánkʰ]
alpinista (m)	լեռնագնաց	[lernagnátsʰ]
escalador (m)	ժայռամագլցող	[ʒajramaglʦʰóǵ]

| conquistar (vt) | գերել | [gerél] |
| subida, escalada (f) | վերելք | [verélkʰ] |

80. Nomes de montanhas

Alpes (m pl)	Ալպեր	[alpér]
Monte Branco (m)	Մոնբլան	[monblán]
Pirineus (m pl)	Պիրինեյներ	[pirinejnér]

Cárpatos (m pl)	Կարպատներ	[karpatnér]
Urais (m pl)	Ուրալյան լեռներ	[uralján lernér]
Cáucaso (m)	Կովկաս	[kovkás]
Elbrus (m)	Էլբրուս	[ēlbrús]

Altai (m)	Ալտայ	[altáj]
Tian Shan (m)	Տյան Շան	[tjan šan]
Pamir (m)	Պամիր	[pamír]
Himalaia (m)	Հիմալայներ	[himalajnér]
monte Everest (m)	Էվերեստ	[ēverést]

| Cordilheira (f) dos Andes | Անդեր | [andér] |
| Kilimanjaro (m) | Կիլիմանջարո | [kilimandʒáro] |

81. Rios

rio (m)	գետ	[get]
fonte, nascente (f)	աղբյուր	[aġbjúr]
leito (m) de rio	հուն	[hun]
bacia (f)	ջրավազան	[dʒravazán]
desaguar no …	թափվել	[tʰapʰvél]

| afluente (m) | վտակ | [vtak] |
| margem (do rio) | ափ | [apʰ] |

corrente (f)	հոսանք	[hosánkʰ]
rio abaixo	հոսանքն ի վայր	[hosánkʰn í vájr]
rio acima	հոսանքն ի վեր	[hosánkʰn í vér]

inundação (f)	հեղեղում	[heġeġúm]
cheia (f)	վարարություն	[vararutʰjún]
transbordar (vi)	վարարել	[vararél]
inundar (vt)	հեղեղել	[heġeġél]

| banco (m) de areia | ծանծաղուտ | [tsantsaġút] |
| corredeira (f) | սահանք | [sahánkʰ] |

barragem (f)	ամբարտակ	[ambarták]
canal (m)	ջրանցք	[dʒrántsʰkʰ]
reservatório (m) de água	ջրամբար	[dʒrambár]
eclusa (f)	ջրագելակ	[dʒragelák]
corpo (m) de água	ջրավազան	[dʒravazán]
pântano (m)	ճահիճ	[čahíč]

| lamaçal (m) | ճահճուն | [čahčút] |
| redemoinho (m) | հորձանուտ | [hordzanút] |

riacho (m)	առու	[arú]
potável (adj)	խմելու	[χmelú]
doce (água)	քաղցրահամ	[kʰaġtsʰrahám]

| gelo (m) | սառույց | [sarújtsʰ] |
| congelar-se (vr) | սառչել | [sarčél] |

82. Nomes de rios

| rio Sena (m) | Սենա | [séna] |
| rio Loire (m) | Լուարա | [luára] |

rio Tâmisa (m)	Թեմզա	[tʰémza]
rio Reno (m)	Ռեյն	[rejn]
rio Danúbio (m)	Դունայ	[dunáj]

rio Volga (m)	Վոլգա	[vólga]
rio Don (m)	Դոն	[don]
rio Lena (m)	Լենա	[léna]

rio Amarelo (m)	Խուանխե	[χuanχé]
rio Yangtzé (m)	Յանցզի	[jantsʰzə]
rio Mekong (m)	Մեկոնգ	[mekóng]
rio Ganges (m)	Գանգես	[gangés]

rio Nilo (m)	Նեղոս	[neġós]
rio Congo (m)	Կոնգո	[kóngo]
rio Cubango (m)	Օկավանգո	[okavángo]
rio Zambeze (m)	Զամբեզի	[zambézi]
rio Limpopo (m)	Լիմպոպո	[limpopó]
rio Mississippi (m)	Միսիսիպի	[misisipí]

83. Floresta

| floresta (f), bosque (m) | անտառ | [antár] |
| florestal (adj) | անտառային | [antarajín] |

mata (f) fechada	թավուտ	[tʰavút]
arvoredo (m)	պուրակ	[purák]
clareira (f)	բացատ	[batsʰát]

| matagal (m) | մացառուտ | [matsʰarút] |
| mato (m), caatinga (f) | թփուտ | [tʰpʰut] |

| pequena trilha (f) | կածան | [katsán] |
| ravina (f) | ձորակ | [dzorák] |

| árvore (f) | ծառ | [tsar] |
| folha (f) | տերև | [terév] |

folhagem (f)	տերևներ	[terevnér]
queda (f) das folhas	տերևաթափ	[terevatʰápʰ]
cair (vi)	թափվել	[tʰapʰvél]
topo (m)	կատար	[katár]

ramo (m)	ճյուղ	[čjuǵ]
galho (m)	ոստ	[vost]
botão (m)	բողբոջ	[boǵbódž]
agulha (f)	փուշ	[pʰuš]
pinha (f)	եղունդ	[elúnd]

buraco (m) de árvore	փչակ	[pʰčak]
ninho (m)	բույն	[bujn]
toca (f)	որջ	[vordž]

tronco (m)	բուն	[bun]
raiz (f)	արմատ	[armát]
casca (f) de árvore	կեղև	[keǵév]
musgo (m)	մամուռ	[mamúr]

arrancar pela raiz	արմատախիլ անել	[armataχíl anél]
cortar (vt)	հատել	[hatél]
desflorestar (vt)	անտառահատել	[antarahatél]
toco, cepo (m)	կոճղ	[kočǵ]

fogueira (f)	խարույկ	[χarújk]
incêndio (m) florestal	հրդեհ	[hrdeh]
apagar (vt)	հանգցնել	[hangtsʰnél]

guarda-parque (m)	անտառապահ	[antarapáh]
proteção (f)	պահպանություն	[pahpanutʰjún]
proteger (a natureza)	պահպանել	[pahpanél]
caçador (m) furtivo	որսագող	[vorsagóǵ]
armadilha (f)	թակարդ	[tʰakárd]

| colher (cogumelos, bagas) | հավաքել | [havakʰél] |
| perder-se (vr) | մոլորվել | [molorvél] |

84. Recursos naturais

recursos (m pl) naturais	բնական ռեսուրսներ	[bnakán resursnér]
minerais (m pl)	օգտակար հանածոներ	[ogtakár hanatsonér]
depósitos (m pl)	հանքաշերտ	[hankʰašért]
jazida (f)	հանքավայր	[hankʰavájr]

extrair (vt)	արդյունահանել	[ardjunahanél]
extração (f)	արդյունահանում	[ardjunahanúm]
minério (m)	հանքաքար	[hankʰakʰár]
mina (f)	հանք	[hankʰ]
poço (m) de mina	հորան	[horán]
mineiro (m)	հանքափոր	[hankʰapʰór]

| gás (m) | գազ | [gaz] |
| gasoduto (m) | գազատար | [gazatár] |

petróleo (m)	նավթ	[navtʰ]
oleoduto (m)	նավթատար	[navtʰatár]
poço (m) de petróleo	նավթային աշտարակ	[navtʰajín aštarák]
torre (f) petrolífera	հորատման աշտարակ	[horatmán aštarák]
petroleiro (m)	լցանավ	[ltsʰanáv]

areia (f)	ավազ	[aváz]
calcário (m)	կրաքար	[krakʰár]
cascalho (m)	խիճ	[χič]
turfa (f)	տորֆ	[torf]
argila (f)	կավ	[kav]
carvão (m)	ածուխ	[atsúχ]

ferro (m)	երկաթ	[erkátʰ]
ouro (m)	ոսկի	[voskí]
prata (f)	արծաթ	[artsátʰ]
níquel (m)	նիկել	[nikél]
cobre (m)	պղինձ	[pġindz]

zinco (m)	ցինկ	[tsʰink]
manganês (m)	մանգան	[mangán]
mercúrio (m)	սնդիկ	[sndik]
chumbo (m)	արճիճ	[arčíč]

mineral (m)	հանքանյութ	[hankʰanjútʰ]
cristal (m)	բյուրեղ	[bjuréġ]
mármore (m)	մարմար	[marmár]
urânio (m)	ուրան	[urán]

85. Tempo

tempo (m)	եղանակ	[eġanák]
previsão (f) do tempo	եղանակի տեսություն	[eġanakí tesutʰjún]
temperatura (f)	ջերմաստիճան	[dʒermastičán]
termômetro (m)	ջերմաչափ	[dʒermačápʰ]
barômetro (m)	ճանրաչափ	[tsanračápʰ]

umidade (f)	խոնավություն	[χonavutʰjún]
calor (m)	տապ	[tap]
tórrido (adj)	շոգ	[šog]
está muito calor	շոգ է	[šog ē]

está calor	տաք է	[takʰ ē]
quente (morno)	տաք	[takʰ]

está frio	ցուրտ է	[tsʰúrt ē]
frio (adj)	սառը	[sárə]

sol (m)	արև	[arév]
brilhar (vi)	շողալ	[šoġál]
de sol, ensolarado	արևային	[arevajín]
nascer (vi)	ծագել	[tsagél]
pôr-se (vr)	մայր մտնել	[majr mtnel]
nuvem (f)	ամպ	[amp]

nublado (adj)	ամպամած	[ampamáts]
nuvem (f) preta	թուխպ	[tʰuxp]
escuro, cinzento (adj)	ամպամած	[ampamáts]

chuva (f)	անձրև	[andzrév]
está a chover	անձրև է գալիս	[andzrév ē galís]
chuvoso (adj)	անձրևային	[andzrevajín]
chuviscar (vi)	մաղել	[maǵél]

chuva (f) torrencial	տեղատարափի անձրև	[teǵatarápʰ andzrév]
aguaceiro (m)	տեղատարափի անձրև	[teǵatarápʰ andzrév]
forte (chuva, etc.)	տարափ	[tarápʰ]
poça (f)	ջրակույտ	[dʒrakújt]
molhar-se (vr)	թրջվել	[tʰrdʒvel]

nevoeiro (m)	մառախուղ	[maraχúǵ]
de nevoeiro	մառախլապատ	[maraχlapát]
neve (f)	ձյուն	[dzjun]
está nevando	ձյուն է գալիս	[dzjún ē galís]

86. Tempo extremo. Catástrofes naturais

trovoada (f)	փոթորիկ	[pʰotʰorík]
relâmpago (m)	կայծակ	[kajtsák]
relampejar (vi)	փայլատակել	[pʰajlatakél]

trovão (m)	որոտ	[vorót]
trovejar (vi)	որոտալ	[vorotál]
está trovejando	ամպերը որոտում են	[ampérə vorotúm én]

granizo (m)	կարկուտ	[karkút]
está caindo granizo	կարկուտ է գալիս	[karkút ē galís]

inundar (vt)	հեղեղել	[heǵeǵél]
inundação (f)	հեղեղում	[heǵeǵúm]

terremoto (m)	երկրաշարժ	[erkrašárʒ]
abalo, tremor (m)	ցնցում	[tsʰntsʰum]
epicentro (m)	էպիկենտրոն	[ēpikentrón]

erupção (f)	ժայթքում	[ʒajtʰkʰúm]
lava (f)	լավա	[láva]

tornado (m)	մրրկասյուն	[mrrkasjún]
tornado (m)	տորնադո	[tornádo]
tufão (m)	տայֆուն	[tajfún]

furacão (m)	մրրիկ	[mrrik]
tempestade (f)	փոթորիկ	[pʰotʰorík]
tsunami (m)	ցունամի	[tsʰunámi]

ciclone (m)	ցիկլոն	[tsʰiklón]
mau tempo (m)	վատ եղանակ	[vat eǵanák]
incêndio (m)	հրդեհ	[hrdeh]

| catástrofe (f) | աղետ | [aǵét] |
| meteorito (m) | երկնաքար | [erknakʰár] |

avalanche (f)	հուին	[husín]
deslizamento (m) de neve	ձնահյուս	[dznahjús]
nevasca (f)	բուք	[bukʰ]
tempestade (f) de neve	բորան	[borán]

FAUNA

87. Mamíferos. Predadores

predador (m)	զիշատիչ	[gišatíč]
tigre (m)	վագր	[vagr]
leão (m)	առյուծ	[arjúts]
lobo (m)	գայլ	[gajl]
raposa (f)	աղվես	[aġvés]

jaguar (m)	հովազ	[hováz]
leopardo (m)	ընձառյուծ	[əndzarjúts]
chita (f)	շնակատու	[šnakatú]

pantera (f)	հովազ	[hováz]
puma (m)	կուգուար	[kuguár]
leopardo-das-neves (m)	ձյունաձերմակ հովազ	[dzjunačermák hováz]
lince (m)	լուսան	[lusán]

coiote (m)	կոյոտ	[kojót]
chacal (m)	շնագայլ	[šnagájl]
hiena (f)	բորենի	[borení]

88. Animais selvagens

animal (m)	կենդանի	[kendaní]
besta (f)	գազան	[gazán]

esquilo (m)	սկյուռ	[skjur]
ouriço (m)	ոզնի	[vozní]
lebre (f)	նապաստակ	[napasták]
coelho (m)	ճագար	[čagár]

texugo (m)	փորսուղ	[pʰorsúġ]
guaxinim (m)	ջրարջ	[dʒrardʒ]
hamster (m)	գերմանամուկ	[germanamúk]
marmota (f)	արջամուկ	[ardʒamúk]

toupeira (f)	խլուրդ	[xlurd]
rato (m)	մուկ	[muk]
ratazana (f)	առնետ	[arnét]
morcego (m)	չղջիկ	[čġdʒik]

arminho (m)	կզգում	[kngum]
zibelina (f)	սամույր	[samújr]
marta (f)	կզաքիս	[kzakʰís]
doninha (f)	աքիս	[akʰís]
visom (m)	ջրաքիս	[dʒrakʰís]

castor (m)	կուղբ	[kuġb]
lontra (f)	ջրասամույր	[dʒrasamújr]

cavalo (m)	ձի	[dzi]
alce (m)	որմզդեղն	[vormzdéġn]
veado (m)	եղջերու	[eġdʒerú]
camelo (m)	ուղտ	[uġt]

bisão (m)	բիզոն	[bizón]
auroque (m)	վայրի ցուլ	[vajrí tsʰul]
búfalo (m)	գոմեշ	[goméš]

zebra (f)	զեբր	[zebr]
antílope (m)	այծեղջերու	[ajtseġdʒerú]
corça (f)	այծյամ	[ajtsjám]
gamo (m)	եղնիկ	[eġník]
camurça (f)	քարայծ	[kʰarájts]
javali (m)	վարազ	[varáz]

baleia (f)	կետ	[ket]
foca (f)	փոկ	[pʰok]
morsa (f)	ծովափիղ	[tsovapʰíġ]
urso-marinho (m)	ծովարջ	[tsovárdʒ]
golfinho (m)	դելֆին	[delfín]

urso (m)	արջ	[ardʒ]
urso (m) polar	սպիտակ արջ	[spiták árdʒ]
panda (m)	պանդա	[pánda]

macaco (m)	կապիկ	[kapík]
chimpanzé (m)	շիմպանզե	[šimpanzé]
orangotango (m)	օրանգուտանգ	[orangutáng]
gorila (m)	գորիլլա	[gorílla]
macaco (m)	մակակա	[makáka]
gibão (m)	գիբբոն	[gibbón]

elefante (m)	փիղ	[pʰiġ]
rinoceronte (m)	ռնգեղջյուր	[rngeġdʒjúr]
girafa (f)	ընձուղտ	[əndzúġt]
hipopótamo (m)	գետաձի	[getadzí]

canguru (m)	ագևազ	[agevás]
coala (m)	կոալա	[koála]

mangusto (m)	մանգուստ	[mangúst]
chinchila (f)	շինշիլա	[šinšíla]
cangambá (f)	սկունս	[skuns]
porco-espinho (m)	խոզուկ	[xozúk]

89. Animais domésticos

gata (f)	կատու	[katú]
gato (m) macho	կատու	[katú]
cão (m)	շուն	[šun]

cavalo (m)	ձի	[dzi]
garanhão (m)	հովատակ	[hovaták]
égua (f)	զամբիկ	[zambík]

vaca (f)	կով	[kov]
touro (m)	ցուլ	[tsʰul]
boi (m)	եզ	[ez]

ovelha (f)	ոչխար	[vočχár]
carneiro (m)	խոյ	[χoj]
cabra (f)	այծ	[ajts]
bode (m)	այծ	[ajts]

| burro (m) | ավանակ | [avanák] |
| mula (f) | ջորի | [dʒorí] |

porco (m)	խոզ	[χoz]
leitão (m)	գոճի	[gočí]
coelho (m)	ճագար	[čagár]

| galinha (f) | հավ | [hav] |
| galo (m) | աքլոր | [akʰlór] |

pata (f), pato (m)	բադ	[bad]
pato (m)	բադաքլոր	[badakʰlór]
ganso (m)	սագ	[sag]

| peru (m) | հնդկահավ | [hndkaháv] |
| perua (f) | հնդկահավ | [hndkaháv] |

animais (m pl) domésticos	ընտանի կենդանիներ	[əntaní kendaninér]
domesticado (adj)	ձեռնասուն	[dzernasún]
domesticar (vt)	ընտելացնել	[əntelatsʰnél]
criar (vt)	բուծել	[butsél]

fazenda (f)	ֆերմա	[férma]
aves (f pl) domésticas	ընտանի թռչուններ	[əntaní tʰrčunnér]
gado (m)	անասուն	[anasún]
rebanho (m), manada (f)	նախիր	[naχír]

estábulo (m)	ախոռ	[aχór]
chiqueiro (m)	խոզանոց	[χozanótsʰ]
estábulo (m)	գոմ	[gom]
coelheira (f)	ճագարանոց	[čagaranótsʰ]
galinheiro (m)	հավանոց	[havanótsʰ]

90. Pássaros

pássaro (m), ave (f)	թռչուն	[tʰrčun]
pombo (m)	աղավնի	[ağavní]
pardal (m)	ճնճղուկ	[čnčğuk]
chapim-real (m)	երաշտահավ	[eraštaháv]
pega-rabuda (f)	կաչաղակ	[kačağák]
corvo (m)	ագռավ	[agráv]

gralha-cinzenta (f)	ագռավ	[agráv]
gralha-de-nuca-cinzenta (f)	ճայակ	[čaják]
gralha-calva (f)	սերմնագռավ	[sermnagráv]

pato (m)	բադ	[bad]
ganso (m)	սագ	[sag]
faisão (m)	փասիան	[pʰasián]

águia (f)	արծիվ	[artsív]
açor (m)	շահեն	[šahén]
falcão (m)	բազե	[bazé]
abutre (m)	անգղ	[angǵ]
condor (m)	պասկուճ	[paskúč]

cisne (m)	կարապ	[karáp]
grou (m)	կռունկ	[krunk]
cegonha (f)	արագիլ	[aragíl]

papagaio (m)	թութակ	[tʰutʰák]
beija-flor (m)	կոլիբրի	[kolíbri]
pavão (m)	սիրամարգ	[siramárg]

avestruz (m)	ջայլամ	[dʒajlám]
garça (f)	ձկնկուլ	[dzknkul]
flamingo (m)	վարդաթևիկ	[vardatʰevík]
pelicano (m)	հավալուսն	[havalúsn]

| rouxinol (m) | սոխակ | [soχák] |
| andorinha (f) | ծիծեռնակ | [tsitsernák] |

tordo-zornal (m)	կեռնեխ	[kernéχ]
tordo-músico (m)	երգող կեռնեխ	[ergóǵ kernéχ]
melro-preto (m)	սև կեռնեխ	[sév kernéχ]

andorinhão (m)	ջրածիծառ	[dʒratsitsár]
cotovia (f)	արտույտ	[artújt]
codorna (f)	լոր	[lor]

pica-pau (m)	փայտփորիկ	[pʰajtpʰorík]
cuco (m)	կկու	[kəkú]
coruja (f)	բու	[bu]
bufo-real (m)	բվեճ	[bveč]
tetraz-grande (m)	խլահավ	[χlaháv]
tetraz-lira (m)	ցախաքլոր	[tsʰaχakʰlór]
perdiz-cinzenta (f)	կաքավ	[kakʰáv]

estorninho (m)	սարյակ	[sarják]
canário (m)	դեղձանիկ	[deǵdzaník]
galinha-do-mato (f)	աքար	[akʰár]

| tentilhão (m) | սերինոս | [serinós] |
| dom-fafe (m) | խածկտիկ | [χatsktík] |

gaivota (f)	ճայ	[čaj]
albatroz (m)	ալբատրոս	[albatrós]
pinguim (m)	պինգվին	[pingvín]

91. Peixes. Animais marinhos

brema (f)	բրամ	[bram]
carpa (f)	գետաձածան	[getatsatsán]
perca (f)	պերկես	[perkés]
siluro (m)	լոքո	[lokʰó]
lúcio (m)	գայլաձուկ	[gajladzúk]

salmão (m)	սաղման	[saǵmán]
esturjão (m)	թառափ	[tʰarápʰ]

arenque (m)	ծովատառեխ	[tsovataréχ]
salmão (m) do Atlântico	սաղման ձուկ	[saǵmán dzuk]
cavala, sarda (f)	թյունիկ	[tʰjuník]
solha (f), linguado (m)	տափակաձուկ	[tapʰakadzúk]

lúcio perca (m)	շիղաձուկ	[šiǵadzúk]
bacalhau (m)	ձողաձուկ	[dzoǵadzúk]
atum (m)	թյունոս	[tʰjunnós]
truta (f)	իշխան	[išχán]

enguia (f)	օձաձուկ	[odzadzúk]
raia (f) elétrica	էլեկտրավոր կատվաձուկ	[ēlektravór katvadzúk]
moreia (f)	մուրենա	[muréna]
piranha (f)	պիրանյա	[piránja]

tubarão (m)	շնաձուկ	[šnadzúk]
golfinho (m)	դելֆին	[delfín]
baleia (f)	կետ	[ket]

caranguejo (m)	ծովախեցգետին	[tsovaχetsʰgetín]
água-viva (f)	մեդուզա	[medúza]
polvo (m)	ութոտնուկ	[utʰotnúk]

estrela-do-mar (f)	ծովաստղ	[tsovástǵ]
ouriço-do-mar (m)	ծovoզնի	[tsovozní]
cavalo-marinho (m)	ծovaձի	[tsovadzí]

ostra (f)	ուստրե	[vostré]
camarão (m)	մանր ծովախեցգետին	[mánr tsovaχetsʰgetín]
lagosta (f)	օմար	[omár]
lagosta (f)	լանգուստ	[langúst]

92. Anfíbios. Répteis

cobra (f)	օձ	[odz]
venenoso (adj)	թունավոր	[tʰunavór]

víbora (f)	իժ	[iʒ]
naja (f)	կոբրա	[kóbra]
píton (m)	պիթոն	[pitʰón]
jiboia (f)	վիշապoձ	[višapódz]
cobra-de-água (f)	լորտու	[lortú]

cascavel (f)	խարամանի	[χaramaní]
anaconda (f)	անակոնդա	[anakónda]
lagarto (m)	մողես	[moġés]
iguana (f)	իգուանա	[iguána]
varano (m)	վարան	[varán]
salamandra (f)	սալամանդր	[salamándr]
camaleão (m)	քամելեոն	[kʰameleón]
escorpião (m)	կարիճ	[karíč]
tartaruga (f)	կրիա	[kriá]
rã (f)	գորտ	[gort]
sapo (m)	դոդոշ	[dodóš]
crocodilo (m)	կոկորդիլոս	[kokordilós]

93. Insetos

inseto (m)	միջատ	[midʒát]
borboleta (f)	թիթեռ	[tʰitʰér]
formiga (f)	մրջյուն	[mrdʒun]
mosca (f)	ճանճ	[čanč]
mosquito (m)	մոծակ	[motsák]
escaravelho (m)	բզեզ	[bzez]
vespa (f)	իշամեղու	[išameġú]
abelha (f)	մեղու	[meġú]
mamangaba (f)	կրետ	[kret]
moscardo (m)	բոռ	[bor]
aranha (f)	սարդ	[sard]
teia (f) de aranha	սարդոստայն	[sardostájn]
libélula (f)	ճպուռ	[čpur]
gafanhoto (m)	մորեխ	[moréχ]
traça (f)	թիթեռնիկ	[tʰitʰerník]
barata (f)	ուտիճ	[utič]
carrapato (m)	տիզ	[tiz]
pulga (f)	լու	[lu]
borrachudo (m)	մլակ	[mlak]
gafanhoto (m)	մարախ	[maráχ]
caracol (m)	խխունջ	[χəχúndʒ]
grilo (m)	ծղրիդ	[tsġrid]
pirilampo, vaga-lume (m)	լուսատիտիկ	[lusatitík]
joaninha (f)	զատիկ	[zatík]
besouro (m)	մայիսյան բզեզ	[majisján bzez]
sanguessuga (f)	տզրուկ	[tzruk]
lagarta (f)	թրթուր	[tʰrtʰur]
minhoca (f)	որդ	[vord]
larva (f)	թրթուր	[tʰrtʰur]

FLORA

94. Árvores

árvore (f)	ծառ	[tsar]
decídua (adj)	սաղարթավոր	[saġartʰavór]
conífera (adj)	փշատերև	[pʰšaterév]
perene (adj)	մշտադալար	[mštadalár]
macieira (f)	խնձորենի	[χndzorení]
pereira (f)	տանձենի	[tandzení]
cerejeira (f)	կեռասենի	[kerasení]
ginjeira (f)	բալենի	[balení]
ameixeira (f)	սալորենի	[salorení]
bétula (f)	կեչի	[kečí]
carvalho (m)	կաղնի	[kaġní]
tília (f)	լորի	[lorí]
choupo-tremedor (m)	կաղամախի	[kaġamaχí]
bordo (m)	թխկի	[tʰχki]
espruce (m)	եղևնի	[eġevní]
pinheiro (m)	սոճի	[sočí]
alerce, lariço (m)	կուենի	[kuení]
abeto (m)	բրգաձև սոճի	[brgadzév sočí]
cedro (m)	մայրի	[majrí]
choupo, álamo (m)	բարդի	[bardí]
tramazeira (f)	սնձենի	[sndzení]
salgueiro (m)	ուռենի	[urení]
amieiro (m)	լաստենի	[lastení]
faia (f)	հաճարենի	[hačarení]
ulmeiro, olmo (m)	ծփի	[tspʰi]
freixo (m)	հացենի	[hatsʰení]
castanheiro (m)	շագանակենի	[šaganakení]
magnólia (f)	կղբի	[kġbi]
palmeira (f)	արմավենի	[armavení]
cipreste (m)	նոճի	[nočí]
mangue (m)	մանգրածառ	[mangratsár]
embondeiro, baobá (m)	բաոբաբ	[baobáb]
eucalipto (m)	էվկալիպտ	[ēvkalípt]
sequoia (f)	սեկվոյա	[sekvója]

95. Arbustos

arbusto (m)	թուփ	[tʰupʰ]
arbusto (m), moita (f)	թփուտ	[tʰpʰut]

videira (f)	խաղող	[xaġóġ]
vinhedo (m)	խաղողի այգի	[xaġoġí ajgí]

framboeseira (f)	մորի	[morí]
groselheira-vermelha (f)	կարմիր հաղարջ	[karmír haġárdʒ]
groselheira (f) espinhosa	հաղարջ	[haġárdʒ]

acácia (f)	ակացիա	[akátsʰia]
bérberis (f)	ծորենի	[tsorení]
jasmim (m)	հասմիկ	[hasmík]

junípero (m)	գիհի	[gihí]
roseira (f)	վարդենի	[vardení]
roseira (f) brava	մասուր	[masúr]

96. Frutos. Bagas

maçã (f)	խնձոր	[xndzor]
pera (f)	տանձ	[tandz]
ameixa (f)	սալոր	[salór]
morango (m)	ելակ	[elák]
ginja (f)	բալ	[bal]
cereja (f)	կեռաս	[kerás]
uva (f)	խաղող	[xaġóġ]

framboesa (f)	մորի	[morí]
groselha (f) negra	սև հաղարջ	[sév haġárdʒ]
groselha (f) vermelha	կարմիր հաղարջ	[karmír haġárdʒ]
groselha (f) espinhosa	հաղարջ	[haġárdʒ]
oxicoco (m)	լոռամրգի	[loramrgí]
laranja (f)	նարինջ	[naríndʒ]
tangerina (f)	մանդարին	[mandarín]
abacaxi (m)	արքայախնձոր	[arkʰajaxndzór]
banana (f)	բանան	[banán]
tâmara (f)	արմավ	[armáv]

limão (m)	կիտրոն	[kitrón]
damasco (m)	ծիրան	[tsirán]
pêssego (m)	դեղձ	[deġdz]
quiuí (m)	կիվի	[kívi]
toranja (f)	գրեյպֆրուտ	[grejpfrút]

baga (f)	հատապտուղ	[hataptúġ]
bagas (f pl)	հատապտուղներ	[hataptuġnér]
arando (m) vermelho	հապալաս	[hapalás]
morango-silvestre (m)	վայրի ելակ	[vajrí elák]
mirtilo (m)	հապալաս	[hapalás]

97. Flores. Plantas

flor (f)	ծաղիկ	[tsaġík]
buquê (m) de flores	ծաղկեփունջ	[tsaġkepʰúndʒ]

rosa (f)	վարդ	[vard]
tulipa (f)	վարդակակաչ	[vardakakáč]
cravo (m)	մեխակ	[meχák]
gladíolo (m)	թրաշուշան	[thrašušán]

centáurea (f)	կապույտ տերեփուկ	[kapújt terephúk]
campainha (f)	զանգակ	[zangák]
dente-de-leão (m)	կաթնուկ	[kathnúk]
camomila (f)	երիցուկ	[eritshúk]

aloé (m)	ալոե	[alóe]
cacto (m)	կակտուս	[káktus]
fícus (m)	ֆիկուս	[fíkus]

lírio (m)	շուշան	[šušán]
gerânio (m)	խորդենի	[xordení]
jacinto (m)	հակինթ	[hakínth]

mimosa (f)	պատկառուկ	[patkarúk]
narciso (m)	նարգիզ	[nargíz]
capuchinha (f)	չրկոտեմ	[dʒrkotém]

orquídea (f)	խոլորձ	[xolórdz]
peônia (f)	քաջվարդ	[khadʒvárd]
violeta (f)	մանուշակ	[manušák]

amor-perfeito (m)	եռագույն մանուշակ	[eragújn manušák]
não-me-esqueças (m)	անմոռուկ	[anmorúk]
margarida (f)	մարգարտածաղիկ	[margartatsaǵík]

papoula (f)	կակաչ	[kakáč]
cânhamo (m)	կանեփ	[kanéph]
hortelã, menta (f)	անանուխ	[ananúχ]

| lírio-do-vale (m) | հովտաշուշան | [hovtašušán] |
| campânula-branca (f) | ձնծաղիկ | [dzntsaǵík] |

urtiga (f)	եղինջ	[eǵíndʒ]
azedinha (f)	թրթնջուկ	[thrthndʒuk]
nenúfar (m)	չրաշուշան	[dʒrašušán]
samambaia (f)	ձարխոտ	[dzarχót]
líquen (m)	քարաքոս	[kharakhós]

estufa (f)	ջերմոց	[dʒermótsh]
gramado (m)	գազոն	[gazón]
canteiro (m) de flores	ծաղկաթումբ	[tsaǵkathúmb]

planta (f)	բույս	[bujs]
grama (f)	խոտ	[χot]
folha (f) de grama	խոտիկ	[χotík]

folha (f)	տերև	[terév]
pétala (f)	թերթիկ	[therthík]
talo (m)	ցողուն	[tshoǵún]
tubérculo (m)	պալար	[palár]
broto, rebento (m)	ծիլ	[tsil]

espinho (m)	փուշ	[pʰuš]
florescer (vi)	ծաղկել	[ʦaġkél]
murchar (vi)	թոշնել	[tʰršnel]
cheiro (m)	բուրմունք	[burmúnkʰ]
cortar (flores)	կտրել	[ktrel]
colher (uma flor)	պոկել	[pokél]

98. Cereais, grãos

grão (m)	հացահատիկ	[hatsʰahatík]
cereais (plantas)	հացահատիկային բույսեր	[hatsʰahatikajín bujsér]
espiga (f)	հասկ	[hask]

trigo (m)	ցորեն	[tsʰorén]
centeio (m)	տարեկան	[tarekán]
aveia (f)	վարսակ	[varsák]
painço (m)	կորեկ	[korék]
cevada (f)	գարի	[garí]

milho (m)	եգիպտացորեն	[egiptatsʰorén]
arroz (m)	բրինձ	[brindz]
trigo-sarraceno (m)	հնդկացորեն	[hndkatsʰorén]

ervilha (f)	սիսեռ	[sisér]
feijão (m) roxo	լոբի	[lobí]
soja (f)	սոյա	[sojá]
lentilha (f)	ոսպ	[vosp]
feijão (m)	լոբազգիներ	[lobazginér]

PAÍSES DO MUNDO

99. Países. Parte 1

Afeganistão (m)	Աֆղանստան	[afġanstán]
África (f) do Sul	Հարավ-Աֆրիկյան հանրապետություն	[haráv afrikján hanrapetutʰjún]
Albânia (f)	Ալբանիա	[albánia]
Alemanha (f)	Գերմանիա	[germánia]
Arábia (f) Saudita	Սաուդյան Արաբիա	[saudján arábia]
Argentina (f)	Արգենտինա	[argentína]
Armênia (f)	Հայաստան	[hajastán]
Austrália (f)	Ավստրալիա	[avstrália]
Áustria (f)	Ավստրիա	[avstria]
Azerbaijão (m)	Ադրբեջան	[adrbedʒán]
Bahamas (f pl)	Բահամյան կղզիներ	[bahamján kġzinér]
Bangladesh (m)	Բանգլադեշ	[bangladéš]
Bélgica (f)	Բելգիա	[bélgia]
Belarus	Բելառուս	[belarús]
Bolívia (f)	Բոլիվիա	[bolívia]
Bósnia e Herzegovina (f)	Բոսնիա և Հերցեգովինա	[bósnia év hertsʰegovína]
Brasil (m)	Բրազիլիա	[brazília]
Bulgária (f)	Բուլղարիա	[bulġária]
Camboja (f)	Կամպուչիա	[kampučía]
Canadá (m)	Կանադա	[kanáda]
Cazaquistão (m)	Ղազախստան	[ġazaxstán]
Chile (m)	Չիլի	[číli]
China (f)	Չինաստան	[činastán]
Chipre (m)	Կիպրոս	[kiprós]
Colômbia (f)	Կոլումբիա	[kolúmbia]
Coreia (f) do Norte	Հյուսիսային Կորեա	[hjusisaín koréa]
Coreia (f) do Sul	Հարավային Կորեա	[haravaín koréa]
Croácia (f)	Խորվատիա	[xorvátia]
Cuba (f)	Կուբա	[kúba]
Dinamarca (f)	Դանիա	[dánia]
Egito (m)	Եգիպտոս	[egiptós]
Emirados Árabes Unidos	Միավորված Արաբական Էմիրություններ	[miavoráts arabakán ēmirutʰjunnér]
Equador (m)	Էկվադոր	[ēkvadór]
Escócia (f)	Շոտլանդիա	[šotlándia]
Eslováquia (f)	Սլովակիա	[slovákia]
Eslovênia (f)	Սլովենիա	[slovénia]
Espanha (f)	Իսպանիա	[ispánia]
Estados Unidos da América	Ամերիկայի Միացյալ Նահանգներ	[amerikají miatsʰjál nahangnér]

Estônia (f)	Էստոնիա	[ēstónia]
Finlândia (f)	Ֆինլանդիա	[finlándia]
França (f)	Ֆրանսիա	[fránsia]

100. Países. Parte 2

Gana (f)	Գանա	[gána]
Geórgia (f)	Վրաստան	[vrastán]
Grã-Bretanha (f)	Մեծ Բրիտանիա	[mets británia]
Grécia (f)	Հունաստան	[hunastán]
Haiti (m)	Հաիթի	[haitʰí]
Hungria (f)	Վենգրիա	[véngria]
Índia (f)	Հնդկաստան	[hndkastán]

Indonésia (f)	Ինդոնեզի	[indonézia]
Inglaterra (f)	Անգլիա	[ánglia]
Irã (m)	Պարսկաստան	[parskastán]
Iraque (m)	Իրաք	[irákʰ]
Irlanda (f)	Իռլանդիա	[irlándia]
Islândia (f)	Իսլանդիա	[islándia]
Israel (m)	Իսրայել	[israjél]

Itália (f)	Իտալիա	[itália]
Jamaica (f)	Ճամայկա	[jamájka]
Japão (m)	Ճապոնիա	[čapónia]
Jordânia (f)	Հորդանան	[hordanán]
Kuwait (m)	Քուվեյթ	[kʰuvéjtʰ]
Laos (m)	Լաոս	[laós]
Letônia (f)	Լատվիա	[látvia]

Líbano (m)	Լիբանան	[libanán]
Líbia (f)	Լիբիա	[líbia]
Liechtenstein (m)	Լիխտենեշտայն	[lixtenštájn]
Lituânia (f)	Լիտվա	[litvá]
Luxemburgo (m)	Լյուքսեմբուրգ	[ljukʰsembúrg]

Macedônia (f)	Մակեդոնիա	[makedónia]
Madagascar (m)	Մադագասկար	[madagaskár]

Malásia (f)	Մալայզիա	[malájzia]
Malta (f)	Մալթա	[máltʰa]
Marrocos	Մարոկկո	[marókko]
México (m)	Մեքսիկա	[mékʰsika]
Birmânia (f)	Մյանմար	[mjanmár]

Moldávia (f)	Մոլդովա	[moldóva]
Mônaco (m)	Մոնակո	[monáko]

Mongólia (f)	Մոնղոլիա	[mongólia]
Montenegro (m)	Չեռնոգրիա	[černogória]
Namíbia (f)	Նամիբիա	[namíbia]
Nepal (m)	Նեպալ	[nepál]
Noruega (f)	Նորվեգիա	[norvégia]
Nova Zelândia (f)	Նոր Զելանդիա	[nor zelándia]

101. Países. Parte 3

Países Baixos (m pl)	Նիդերլանդներ	[niderlandnér]
Palestina (f)	Պաղեստինյան ինքնավարություն	[paģestinján inkʰnavarutʰjún]
Panamá (m)	Պանամա	[panáma]
Paquistão (m)	Պակիստան	[pakistán]
Paraguai (m)	Պարագվայ	[paragváj]
Peru (m)	Պերու	[perú]
Polinésia (f) Francesa	Ֆրանսիական Պոլինեզիա	[fransiakán polinézia]

Polônia (f)	Լեհաստան	[lehastán]
Portugal (m)	Պորտուգալիա	[portugália]
Quênia (f)	Քենիա	[kʰénia]
Quirguistão (m)	Ղրղզստան	[ġrġzstan]
República (f) Checa	Չեխիա	[čéχia]
República Dominicana	Դոմինիկյան հանրապետություն	[dominikján hanrapetutʰjún]
Romênia (f)	Ռումինիա	[rumínia]

Rússia (f)	Ռուսաստան	[rusastán]
Senegal (m)	Սենեգալ	[senegál]
Sérvia (f)	Սերբիա	[sérbia]
Síria (f)	Սիրիա	[síria]
Suécia (f)	Շվեդիա	[švédia]
Suíça (f)	Շվեյցարիա	[švejtsʰária]
Suriname (m)	Սուրինամ	[surinám]

Tailândia (f)	Թաիլանդ	[tʰ ailánd]
Taiwan (m)	Թայվան	[tʰ ajván]
Tajiquistão (m)	Տաջիկստան	[tadʒikstán]
Tanzânia (f)	Տանզանիա	[tanzánia]
Tasmânia (f)	Տասմանիա	[tasmánia]
Tunísia (f)	Թունիս	[tʰunís]
Turquemenistão (m)	Թուրքմենստան	[tʰurkʰmenstán]

Turquia (f)	Թուրքիա	[tʰúrkʰia]
Ucrânia (f)	Ուկրաինա	[ukraína]
Uruguai (m)	Ուրուգվայ	[urugváj]
Uzbequistão (f)	Ուզբեկստան	[uzbekstán]
Vaticano (m)	Վատիկան	[vatikán]
Venezuela (f)	Վենեսուելա	[venesuéla]
Vietnã (m)	Վիետնամ	[vjetnám]
Zanzibar (m)	Զանզիբար	[zanzibár]

www.ingramcontent.com/pod-product-compliance
Lightning Source LLC
Chambersburg PA
CBHW060034050426
42448CB00012B/3007